CW01642155

L'illusion du bloc bourgeois

Alliances sociales et avenir du modèle français

RAISONS D'AGIR ÉDITIONS
5, rue de Charonne, 75011 Paris
© Raisons d'agir éditions, septembre 2018
www.raisonsdagir-editions.org
editions@raisonsdagir-editions.org
ISBN : 978.2.912107.97.8

BRUNO AMABLE
STEFANO PALOMBARINI

L'illusion du bloc bourgeois

Alliances sociales et avenir du modèle français

Nouvelle édition actualisée et augmentée

RAISONS D'AGIR ÉDITIONS

PRÉFACE*

Cet ouvrage analyse, sur plusieurs décennies, l'évolution politique en France, avec une attention particulière pour les projets de transformation économique et sociale qui l'ont caractérisée. Le lecteur y retrouvera ainsi la crise des anciens partis de gouvernement, la victoire d'Emmanuel Macron à l'élection présidentielle en 2017, le vaste programme de réformes institutionnelles d'inspiration néolibérale que le nouveau Président n'a pas tardé à mettre en œuvre, ainsi que la recomposition politique et la modification des alliances sociales dans l'hexagone.

Le cas français possède certainement des spécificités fortes, mais il présente aussi des traits communs à une grande partie du continent européen. Il n'est donc pas interdit de s'appuyer sur l'analyse qui est proposée dans ces pages pour éclairer les dynamiques économiques et politiques d'autres pays et pour établir un diagnostic sur les perspectives de la construction européenne.

En premier lieu, la chute du Parti socialiste français (PS) peut être interprétée comme le symptôme d'une crise plus générale des expériences gouvernementales de ce qu'on appelle, de plus en plus improprement, la « gauche réformiste » européenne. La déroute du PS révèle plus qu'une impasse du projet soi-disant « social-démocrate » ; nous sommes en présence de la trajectoire finale d'un mouvement qui a vu des partis en principe de gauche mettre en œuvre des réformes néolibérales, non seulement en France, mais

* Préface écrite à l'occasion de la traduction allemande du livre.

aussi en Espagne, en Italie, en Allemagne, en Grèce ou encore aux Pays-Bas. Tous les partis protagonistes de cette tentative (PSOE, Parti Démocrate, SPD, Pasok, PvdA, etc.) ont par la suite subi des défaites d'ampleur variable, mais identiques quant au fond à celle du Parti socialiste français.

D'autre part, l'émergence d'une droite nationaliste ou « identitaire » qui critique, pour des raisons variables selon les pays, l'état présent ou la poursuite de l'intégration européenne est un phénomène qui, à l'image de ce qu'il s'est passé en France avec le Front national, caractérise une grande partie du continent. Le phénomène politique le plus marquant ces dernières années en Allemagne est la montée de l'AfD, parti fondé initialement sur une opposition à l'euro, mais qui a évolué progressivement vers une position assez classique d'extrême droite xénophobe. Au Royaume Uni, c'est l'UKIP qui a porté l'étendard d'une contestation de l'Union Européenne assez bien ancrée dans l'opinion britannique. En Italie, un rôle analogue a été joué par la Ligue du nord, dont la transformation de mouvement régionaliste et fédéraliste en parti nationaliste s'est faite en prenant pour modèle le Front national.

L'affaiblissement de la droite pro-Union Européenne et le déclin des partis de la soi-disant « gauche réformiste » ont alors ouvert la voie à des coalitions de gouvernement inédites, visant à assurer la viabilité de la construction européenne, et qui ont de fortes analogies avec le bloc bourgeois réuni en France par Emmanuel Macron : c'est le cas de la « Grande coalition » allemande mais aussi de l'alliance de fait entre le Parti démocrate et Forza Italia (le parti de Silvio Berlusconi) qui a soutenu les gouvernements italiens de 2013 à 2018.

À l'origine de ces recompositions politiques se trouve la fracture des alliances sociales qui fondaient l'alternance entre la droite et la gauche dite « de gouvernement ». Cette fracture déstabilise les systèmes politiques dans un très grand nombre de pays européens : elle est le plus souvent réduite à la divergence d'intérêt entre les groupes sociaux qui se perçoivent parmi les « gagnants » et ceux qui se considèrent comme des « perdants » dans le processus de « mondialisation » de l'économie. On retrouve – du moins en France – des « gagnants » comme des « perdants » parmi les groupes qui étaient liés à la droite comme parmi ceux qui faisaient référence à la gauche, ce qui valide en partie l'hypothèse qui voit dans l'internationalisation de l'économie l'origine des mutations politiques en cours.

L'analyse du cas français permet cependant d'identifier d'autres facteurs causaux, et donc d'indiquer des hypothèses supplémentaires pour interpréter la dynamique à l'œuvre sur le continent européen. En premier lieu, les tensions entre d'une part une gauche souhaitant modifier profondément les structures économiques et sociales pour sortir du capitalisme et d'autre part une gauche séduite par les mécanismes de marché et adhérant, au moins en partie, au néolibéralisme sont anciennes. Elles précèdent de plusieurs décennies la relativement faible influence qu'a pu exercer l'expérience blairiste de la troisième voie sur le PS. La période actuelle marque une étape supplémentaire dans les relations conflictuelles entre des tendances qui avaient jusqu'à présent plus ou moins bien cohabité au sein d'un même projet politique « social-démocrate ». La fracture du bloc de gauche en France a été le produit délibéré de l'action de la « deuxième gauche » qui identifiait dans la composante ouvrière de l'alliance un obstacle à l'action « modernisatrice » dont elle se sentait investie. De même, la tentation néolibérale à droite remonte aux origines de ce courant idéologique, dont l'influence n'a fait que grandir auprès des partis conservateurs depuis la crise des années 1970. Les expériences de rupture néolibérale radicale conduites par Reagan aux États-Unis et Thatcher au Royaume-Uni dans les années 1980 ont ensuite fonctionné comme des attracteurs idéologiques sur une partie des personnels politiques mais aussi sur une fraction non négligeable de l'électorat de la droite traditionnelle, contribuant ainsi à sa crise, alors qu'une autre fraction de l'électorat de droite attend toujours que l'État joue un rôle « protecteur » et s'oppose du moins à certains aspects du tournant néolibéral.

La crise progressive des blocs politiques traditionnels a amené plusieurs analystes – en France comme ailleurs – à considérer que le clivage droite/gauche, qui a pendant longtemps structuré le paysage politique, est en cours d'affaiblissement, voire de disparition. Il serait destiné à être remplacé par un nouveau clivage qui opposerait les « européistes » aux « nationalistes » ou, dans une version différente mais complémentaire à celle-ci, les « responsables » soucieux des équilibres budgétaires et des facteurs qui permettraient le développement économique sur le long terme, aux « populistes » dont l'unique objectif serait d'être en connexion directe avec des attentes électorales immédiates. Certains ont même voulu plaquer sur ce clivage l'opposition fétiche de certains politologues entre autoritarisme et libéralisme « culturels ». C'est au moins le mérite de l'expérience Macron d'avoir dissipé ces illusions de néolibéralisme libertaire en montrant à quel point une transformation néolibérale radicale de la société pouvait voire devait s'appuyer sur la répression policière brutale et des atteintes significatives aux libertés publiques.

L'étude de la dynamique française qui est proposée dans cet ouvrage permet à la fois d'affiner et de critiquer la grille théorique qui interprète les recompositions politiques en cours en Europe à partir d'un changement du clivage structurant les affrontements politiques.

Tout d'abord, l'affaiblissement du clivage droite/gauche correspond – contrairement à ce qu'on pourrait imaginer – à une accentuation du contenu de classe du conflit politique. L'ancien bloc de gauche, en France comme ailleurs, intégrait une composante populaire (ouvriers, employés à faible qualification) et une fraction des classes moyennes (salariés et cadres du secteur public, professions intellectuelles, métiers de la création, etc.). Le bloc de droite était à son tour une alliance interclasse dans laquelle se reconnaissaient l'autre fraction des classes moyennes et supérieures (cadres du secteur privé, professions libérales, une partie des professions intermédiaires) et les catégories populaires liées au travail indépendant (artisans, commerçants) et au monde agricole. L'axe de différenciation politique qui semble émerger au cours de la période présente sépare en revanche nettement les classes aisées réunies dans le bloc bourgeois autour de la défense de l'intégration européenne de l'ensemble des classes populaires qui perçoivent désormais l'internationalisation de l'économie et même, de façon grandissante, l'unification européenne comme des menaces directes à leurs conditions d'existence.

Le cas français montre aussi que l'émergence de ce nouveau clivage est problématique dans une perspective de mise en place d'une alternance politique. D'une part, le bloc bourgeois apparaît cohérent dans le soutien apporté à l'intégration européenne et aux réformes néolibérales ; mais en défendant prioritairement les intérêts des classes privilégiées, il semble destiné à rester socialement minoritaire. D'autre part, les demandes politiques qui proviennent de l'hypothétique bloc alternatif, qui aurait vocation à réunir l'ensemble des classes populaires, sont fortement contradictoires : notamment sur des questions fondamentales comme la protection sociale et le rapport salarial. Sur ces questions, les classes populaires traditionnellement liées à la droite sont, au moins en partie, plutôt favorables à des « réformes » auxquelles s'opposent clairement les catégories populaires salariées.

Si l'affrontement entre droite et gauche politique ne semble plus en mesure de résumer de façon exhaustive le profil du conflit politique en Europe, une lecture qui réduirait l'espace politique à l'axe qui sépare les européistes-responsables des nationalistes-populistes reste insuffisante et trompeuse. La compréhension des restructurations politiques à l'œuvre ne peut se faire qu'en lien avec les transformations des modèles socio-économiques en Europe.

Il est tout d'abord important de souligner que les stratégies politiques « pro-Europe » ou « anti-Europe » que l'on peut observer dans plusieurs pays sont guidées par des préoccupations politiques nationales. On peut ainsi expliquer le paradoxe qui oppose le président français Macron et le FDP allemand sur la question de la réforme de la zone euro[1] alors même qu'ils partagent essentiellement la même ambition en ce qui concerne le modèle économique et social de leurs pays respectifs. Le paradoxe n'est qu'apparent. Dans les deux cas, il s'agit de la même stratégie politique – parvenir à un modèle néolibéral –, qui est poursuivie en tenant compte des différentes contraintes nationales. Dans un cas, ces contraintes imposent de s'opposer à une réforme significative de la zone euro car celle-ci est perçue comme impliquant des transferts de ressources de l'Allemagne vers les autres pays, ce qui fragiliserait la base sociale nécessaire à la poursuite de la transition néolibérale en Allemagne. Dans l'autre cas, en France, la réforme de la zone euro est en revanche indispensable à la fois pour des raisons « économiques » – l'incomplétude de l'unification monétaire sans fédéralisme budgétaire, l'absence de marges de manœuvre pour une politique macroéconomique contracyclique qui devient d'autant plus nécessaire qu'on a libéralisé le marché du travail et affaibli ainsi les stabilisateurs automatiques –, et pour des raisons « politiques » car une partie du bloc social soutenant Macron n'appuie la transition néolibérale que dans la mesure où elle favorise l'intégration européenne.

Il faut donc rejeter une vision trop simplifiée de la structuration du conflit politique ; en particulier parce que l'analyse de la dynamique française, qui, sur ce point aussi, est comparable à celle de l'Italie, de l'Espagne ou de l'Allemagne, amène à souligner la diversité des programmes qui portent sur des institutions fondamentales pour l'organisation socio-économique comme la relation salariale, l'insertion internationale ou la protection sociale. Ce constat encourage à analyser les recompositions politiques en cours non pas à partir de l'ancien clivage droite/gauche ni d'un nouveau clivage Europe/Nation, mais en fonction des modèles de capitalisme sur lesquels reposent les différents projets. En raisonnant sur des archétypes, l'analyse de la dynamique française amène ainsi à identifier trois projets politiques principaux, chacun étant orienté par une vision spécifique de l'organisation socio-économique d'ensemble (voir tableau 1, page suivante).

Si on raisonne sur la base de ces trois modèles, qui structurent les projets de réforme institutionnelle présents dans les programmes de tous les principaux partis et mouvements français, on comprend la difficulté de former un compromis majoritaire qui permettrait de donner une véritable solution à la crise politique. À chacun des trois projets correspond en effet une alliance sociale minoritaire ; mais un compromis entre deux des trois projets semble difficile à envisager. Ainsi Macron gouverne-t-il la France avec le soutien (socialement minoritaire) du bloc bourgeois. Face à lui, la constitution d'un hypothétique front anti-bourgeois, qui devrait réunir l'ensemble des classes populaires, fait face à des contradictions majeures dans les attentes qui portent sur la relation salariale, la protection sociale, le système éducatif ou encore la question environnementale, sans parler des migrations ou des

Tableau 1. Trois modèles socio-économiques

	NÉOLIBÉRAL	SOCIALISTE-ÉCOLOGIQUE	LIBÉRAL-IDENTITAIRE
Relation salariale	Soumission du travail aux intérêts du capital. Peu ou pas de protection de l'emploi ; individualisation, pas de reconnaissance des intérêts collectifs des salariés.	Reconnaissance de l'asymétrie de pouvoir entre salariés et employeurs ; protection de l'emploi et règles limitant les bas salaires et les inégalités ; rôle reconnu des organisations syndicales.	Pas de vraie prise en compte des intérêts collectifs des salariés. Recherche d'une improbable voie moyenne entre individualisation sans protection et protections collectives.
Protection sociale	Minimale (filet de sécurité) et assurances privées individuelles.	Protection collective et prestations indépendantes des contributions.	Protection différenciée selon la nationalité/identité : minimale pour les non-nationaux.
Production	Privatisations des services publics. Idéologie concurrentielle mais pratique et politiques en faveur des intérêts privés et des grandes firmes.	Re-nationalisation /communalisation des services publics privatisés. Protection des consommateurs contre les pratiques anti-concurrentielles des grandes firmes.	« Libre concurrence » revendiquée à l'intérieur du cadre national. Protection des petits producteurs et des producteurs nationaux.
Finance	Extension du secteur de la finance. Logique financière appliquée à l'ensemble des décisions de politique économique.	Encadrement du secteur de la finance et limitation de son influence sur les décisions économiques.	Protection contre la finance internationalisée, au moins en paroles.
Éducation	Système privatisé, concurrentiel et élitiste.	Système public à ambition égalitaire.	Tolérance vis-à-vis d'un système privé/confessionnel. Aucune ambition égalitaire.

Environnement	Laisser les mécanismes de marché et l'initiative privée, éventuellement aidée, prendre en charge la question.	Reconnaissance de l'urgence écologique et planification pour sortir du système actuel fondé sur les énergies non renouvelables.	Désintérêt actif voire négation de l'existence d'un problème.
Intégration européenne	Projet central, instrument de la mise en place du modèle néolibéral.	Tensions entre les aspirations à une « autre Europe » et le constat que l'UE est un vecteur de transformation néo-libérale des modèles socio-économiques.	Considérée comme un problème bien que certaines orientations de politique économique soient compatibles avec l'UE.
Migrations	Accueil strictement conditionnel aux besoins exprimés par le capital.	Contradiction entre l'idéal égalitaire / universaliste et les craintes exprimées par la partie populaire du bloc social (salaires, conditions de vie, etc.).	Limitées au minimum voire combattues.
Démocratie/ libertés publiques	Méfiance vis-à-vis des processus démocratiques ; constitutionnalisation de la politique économique ; utilisation de la force brutale si besoin est.	Démocratie radicale.	Délégation de la décision au chef ; utilisation fréquente de la répression brutale.
Bloc social	Bloc bourgeois centré sur les classes supérieures (capital) et moyennes supérieures éduquées.	Bloc de gauche en décomposition. Plusieurs recompositions envisageables suivant la position vis-à-vis de « l'Europe » : regagner les classes populaires perdues ou centrer sur la petite bourgeoisie intellectuelle.	Recomposition/extension du bloc de droite centrée sur sa fraction populaire (indépendants).

libertés publiques. En même temps, l'élargissement du bloc bourgeois vers l'électorat qui fait référence pour l'essentiel à l'extrême-droite (le Rassemblement national, anciennement Front National) buterait sur l'obstacle d'attitudes opposées sur la question européenne ; et un élargissement vers « la gauche » semble impossible compte tenu du contenu des réformes qui sont au cœur du projet présidentiel.

La tripolarisation induite par les effets de l'internationalisation de l'économie sur un paysage politique antérieurement structuré par le clivage droite/gauche – qui est cependant loin d'avoir disparu – ne caractérise pas que la France : on peut retrouver des traits semblables en Italie, en Espagne, au Royaume-Uni, en Allemagne. Ce qui nous fait conclure que la crise de la représentation politique, qui pourrait dégénérer en crise démocratique, risque de s'accentuer sur le continent européen.

Bien évidemment, une éventuelle réforme des institutions européennes ou bien une crise majeure de l'UE et de la monnaie unique provoqueraient un changement de la donne pour la dynamique à venir. Mais un rôle décisif sera joué aussi par les changements institutionnels au sein de chaque pays ; car la transition complète vers le modèle néolibéral, qui est au programme de Macron comme de plusieurs autres gouvernements européens, modifierait en profondeur le contenu des attentes sociales, la définition et le poids politiques des groupes socio-économiques et donc le profil des alliances sociales envisageables. Le conflit politique et social ouvert en ce moment en France mais plus largement en Europe a donc une importance capitale : son issue, bien difficile à anticiper, est destinée non seulement à marquer en profondeur l'organisation du capitalisme continental, mais aussi à tracer une frontière nouvelle et durable entre les classes dominantes, qui participeront au bloc au pouvoir, et les classes dominées, dont les intérêts seront sacrifiés par l'action publique.

INTRODUCTION

La politique française est en pleine mutation. Au début de la campagne présidentielle de 2017, des candidats indépendants – Emmanuel Macron, Jean-Luc Mélenchon – étaient crédités de scores importants, de même qu'un parti considéré comme « antisystème », le Front national. Les formations politiques qui ont dirigé les gouvernements sous la Ve République se sont nettement affaiblies alors que François Hollande, président sortant, a renoncé à concourir à sa propre succession. Cette fragmentation de l'offre politique va de pair avec la multiplication des sujets sur lesquels les programmes des candidats à la présidentielle se différencient. La participation à la construction européenne, l'insertion dans l'économie mondiale, la législation du travail, la protection sociale, le financement des retraites sont autant de domaines par rapport auxquels les compromis passés ont été remis en question et les projets ont divergé.

Le conflit politique ne porte plus simplement sur les instruments « ordinaires » de la politique économique – dépenses publiques, fiscalité, niveau du salaire minimum… –, mais directement sur les institutions qui structurent le capitalisme français : certaines stratégies voudraient en défendre les spécificités, alors que d'autres se proposent de les transformer radicalement selon des principes néolibéraux. Or la crise politique et le conflit sur les institutions sont liés, et cela à double titre : la volonté d'aligner le capitalisme français sur les canons néo-libéraux, portée notamment par le Parti socialiste au cours des trente dernières années, est l'une des causes de la crise politique ; et la crise politique, c'est-à-dire la rupture des anciennes alliances sociales, incite les décideurs politiques à s'appuyer sur certains changements institutionnels pour faciliter l'émergence d'alliances inédites.

Au début des années 1980, l'affrontement politique se résumait à l'opposition entre deux blocs sociaux aux contours relativement tranchés, qui représentaient très largement la société française. Le bloc de gauche rassemblait la majorité des salariés à faible qualification et la fonction publique ; le bloc de droite reposait sur les professions intermédiaires et les cadres du privé, les travailleurs indépendants, ainsi que sur le monde agricole. L'évolution politique au cours des trois dernières décennies coïncide avec l'histoire de la désagrégation progressive de ces deux alliances sociales. Pour mémoire, les candidats du bloc de gauche (François Mitterrand et Georges Marchais) et du bloc de droite (Valéry Giscard d'Estaing et Jacques Chirac) réunissaient 87,5 % des voix exprimées au premier tour de la présidentielle de 1981 ; en incluant dans le calcul le candidat écologiste, on dépassait 91 %. Si l'on croit aux sondages, ce pourcentage est aujourd'hui tombé à 40 %[2].

Il serait erroné d'imaginer que nous sommes en présence d'un changement soudain du paysage politique français : nous vivons la phase terminale d'une dynamique longue, entamée il y a plus de trente ans. En 2002 déjà, la présence de Jean-Marie Le Pen au second tour de l'élection présidentielle signalait une crise politique majeure. Seule une analyse très superficielle de la situation politique de l'époque a permis d'identifier dans la dispersion des candidatures à gauche la cause principale de l'élimination du candidat socialiste au premier tour, alors que l'ensemble des partis « de gouvernement » – droite, centre et gauche confondus – ne recueillait plus que 60 % des voix. Le référendum de 2005 sur la Constitution européenne, dont le résultat a été à l'opposé des indications de vote données par la très large majorité des élus, prouve d'ailleurs que l'écart considérable entre les attentes qui émanent de la société française et leur représentation dans la sphère politique est désormais ancien.

Le contexte inhabituel de la présidentielle 2017, qui échappe à la bipolarisation caractéristique de la Vᵉ République, doit ainsi être compris comme le produit d'une crise politique. Elle est définie comme l'absence d'un bloc social dominant, c'est-à-dire d'un ensemble de groupes sociaux dont les attentes sont suffisamment satisfaites par les politiques publiques menées par la coalition au pouvoir, de telle sorte que ces groupes-là lui apportent leur soutien politique. Pour rendre compte de la dynamique qui a conduit à la situation actuelle, cet ouvrage s'appuie donc sur une analyse de la base sociale des coalitions qui se sont succédé au pouvoir et des tensions qui les ont affectées sous l'effet des politiques menées : nous soulignerons les contradictions qui sapent le bloc de droite et les facteurs qui ont conduit au véritable éclatement du bloc de gauche.

La droite française a été affaiblie et divisée par la fin des Trente Glorieuses et le ralentissement conséquent de la croissance économique. Dès les années 1980, les attentes d'une partie de l'électorat de droite – en particulier artisans, commerçants, petits entrepreneurs, cadres supérieurs du privé – ont été confortées par les expériences des gouvernements dirigés par Margaret Thatcher au Royaume-Uni et Ronald Reagan aux États-Unis. Ces groupes considèrent que la seule voie pour relancer l'activité est celle de la réforme néolibérale radicale, identifiée en particulier à la baisse de la fiscalité ; mais une fraction salariée de la base sociale de la droite, pour des raisons évidentes, s'est systématiquement montrée hostile à une telle stratégie, et favorable à la préservation de certaines spécificités du modèle français, notamment dans les domaines de la protection sociale et du marché du travail. La droite française n'a toujours pas trouvé de véritable médiation entre les demandes contradictoires qui viennent de sa base : elle oscille constamment entre la tentation de s'aligner sur les positions néolibérales les plus dures et la volonté proclamée de combattre la « fracture sociale » plus ou moins inspirée d'une certaine tradition gaulliste.

La rupture du bloc de gauche est en revanche le résultat final d'un affrontement idéologique et politique qui a traversé le Parti socialiste depuis sa fondation. L'alliance sociale constituée par Mitterrand durant les années 1970, dans laquelle la classe ouvrière avait un poids déterminant, ne pouvait aux yeux de la « deuxième gauche » constituer le socle pour une politique de « modernisation » de la société française. Vaincus provisoirement dans le parti, les courants de Michel Rocard et de Jacques Delors – héritiers d'une tradition « moderniste » sur laquelle il faudra s'attarder – marquèrent cependant un point décisif en inscrivant la construction européenne, coûte que coûte, comme un point non négociable du programme socialiste : l'incompatibilité entre le processus d'unification européenne et la défense inconditionnelle du modèle social français a conforté le virage « réformiste » du Parti socialiste, pris dans les années 1980 et jamais remis en question depuis.

La fracture du bloc de gauche s'est donc faite, en apparence au moins, sur l'intégration européenne : la fraction la plus aisée du bloc a constamment appuyé un processus progressivement rejeté par la partie populaire de l'alliance car porteur de réformes néolibérales. La profondeur de la fracture est démontrée par la violence avec laquelle certaines stratégies visent à disqualifier une partie de l'ancien bloc pour conquérir le soutien de l'autre. La classe ouvrière, décrite comme repliée sur elle-même, xénophobe et soucieuse de la seule défense d'avantages acquis, a été la victime d'une véritable campagne de délégitimation en partie orchestrée par des intellectuels qui se réclament de gauche. Ce thème est largement traité dans le premier chapitre. En réaction, d'autres stratégies politiques ont pour objectif de récupérer l'appui des classes populaires abandonnées par le Parti socialiste, ce qui a accentué la fracture du bloc. Ainsi, pendant que les ouvriers se faisaient traiter de rétrogrades conservateurs, la fraction la plus éduquée et pro-européenne de l'ancien bloc de gauche – cadres et professions intermédiaires du secteur public, enseignants, opérateurs socioculturels – était caricaturée en « bobos », terme sans réelle pertinence sociologique désignant de manière approximative un groupe social relativement aisé, qui ferait preuve d'ouverture culturelle tout en profitant de ses privilèges et en refusant la redistribution économique.

Cet ouvrage montre que la contradiction entre le processus d'intégration européenne et l'unité du bloc de gauche est le produit délibéré d'une stratégie politique : les « contraintes » européennes sont en réalité le résultat de négociations conduites très largement par le Parti socialiste français au cours des années 1980 et 1990, avec le but quasi explicite de mettre en difficulté l'allié communiste et de se caractériser comme le seul acteur politique capable de conduire la réforme (néolibérale) du capitalisme français. Au nom des impératifs de la compétitivité et du « réalisme économique », la deuxième gauche a assis sa domination idéologique sur la gauche « de gouvernement » ; mais elle s'est révélée bien trop optimiste, tout au long des quarante dernières années, sur la possibilité de retrouver une base électorale majoritaire après avoir rompu avec une partie importante des classes populaires. Par conséquent, les socialistes ont toujours eu besoin, pour accéder au pouvoir, de recourir à des promesses en direction du traditionnel bloc de gauche.

La présidence Hollande n'est pas une anomalie dans l'histoire de la gauche « de gouvernement » mais l'aboutissement logique d'une voie suivie depuis le début des années 1980 et dont les origines – qui s'enracinent dans la pensée « moderniste » – remontent en fait bien avant. Mais cette voie est sans issue. L'écrasante hégémonie conquise par la deuxième gauche sur les dirigeants socialistes, combinée avec la nécessité de réunir le bloc de gauche lors des campagnes électorales, produit une suite incessante de renoncements qui, à terme, sont en mesure de détruire tout soutien politique.

Parmi les socialistes les plus attachés à l'idée que la « modernisation » du capitalisme français doit se faire contre les « intérêts acquis » des classes salariées, s'est ainsi enracinée la certitude qu'il existe deux gauches inconciliables, et que la soi-disant « gauche du réel » doit assumer ouvertement ses convictions et chercher au centre politique, voire à droite, ses alliés. Jacques Delors, avec son appel aux « sages de tous les camps », a été le précurseur d'une stratégie qui aboutit aujourd'hui au positionnement d'Emmanuel Macron, et plus largement à l'idée que le clivage droite/gauche serait dépassé. L'objectif est d'agréger une alliance autour de l'intégration européenne, des réformes néolibérales et des tentatives plus ou moins sincères de défendre certaines parties du modèle social français : c'est le « bloc bourgeois ». Ce projet a le mérite de rechercher de façon explicite une cohérence entre le programme politique de « modernisation » du capitalisme français et une base électorale prête à le soutenir. Le problème est que, même dans l'hypothèse d'une réunification complète des fractions pro-européennes du bloc de gauche et du bloc de droite, le bloc bourgeois resterait socialement minoritaire : seul le retrait des classes populaires de l'échange politique et leur abstention massive lors des élections – ou l'extrême dispersion du vote – pourraient lui permettre de s'imposer.

Un projet qui ne peut vaincre qu'à condition que des groupes sociaux importants disparaissent de l'échange politique est évidemment risqué, car il ouvre un espace politique que d'autres ont tendance à occuper. En réaction à la construction du bloc bourgeois, qui oriente depuis des décennies – même si le plus souvent de façon implicite – l'action du Parti socialiste, on a vu ainsi émerger la tentative de constituer un pôle « souverainiste », hostile à l'Union européenne et à la monnaie unique, et favorable à une certaine dose de protectionnisme. Ce pôle a pour vocation de regrouper l'ensemble des classes populaires, qu'elles proviennent du bloc de droite ou du bloc de gauche. D'un côté, artisans, commerçants, très petits entrepreneurs déçus par une droite jugée trop timide dans la réforme libérale ; de l'autre, ouvriers et employés opposés aux réformes néolibérales dont est porteuse l'unification européenne. On comprend donc que les attentes, notamment celles qui portent sur la législation du travail et la protection sociale, soient très diversifiées au sein de l'alliance que le Front national se propose de former et représenter. À l'opposé du bloc bourgeois, le pôle « souverainiste » pourrait compter sur une base sociale très large, mais il est traversé par des contradictions majeures entre les demandes des groupes appelés à le composer, aucun véritable projet de médiation n'ayant pour l'instant émergé. Ce qui explique que le Front national soit tenté de mener campagne davantage sur les thèmes identitaires et sociétaux que sur les propositions économiques.

La crise politique française n'est donc pas liée à des querelles d'appareils et encore moins de personnes, mais à la difficulté de former un nouveau bloc dominant. Une difficulté qui explique la multiplication des stratégies en présence, bien plus nombreuses que par le passé : les tentatives de former des alliances nouvelles coexistent avec celles visant à reconstruire les blocs traditionnels. C'est de ce paysage fragmenté et de ses perspectives incertaines que nous rendons compte dans les pages qui suivent. Notre conviction est que seule une analyse des relations entre dynamiques économiques et politiques, dans une perspective longue, qui prenne en compte au minimum les quarante dernières années, permet d'interpréter une situation qui, si l'on regarde de trop près et sans recul l'actualité politique, apparaît chaotique et échappant à tout essai d'interprétation théorique.

Dans le premier chapitre, après avoir défini notre approche théorique des mécanismes de formation du soutien politique, nous reviendrons sur les raisons de la rupture des alliances sociales de droite et de gauche, qui est désormais relativement ancienne ; nous soulignerons que la spécificité de la crise politique française est l'exclusion grandissante des classes populaires de l'échange politique. Le deuxième chapitre sera consacré à l'un des acteurs majeurs de cette crise, le Parti socialiste : en remontant dans le temps, nous retracerons les origines de son ambition de « moderniser » le capitalisme français et soulignerons les liens entre cette ambition et l'attachement inébranlable à la construction européenne. Le chapitre suivant fera le lien entre la trajectoire idéologique du Parti socialiste et la quête d'une base sociale renouvelée, cohérente avec ses objectifs « réformistes ». Une quête qui a conduit à la crise du bloc de gauche et, en parallèle, à l'émergence d'un nouveau projet politique, qui coïncide avec la tentative de former le bloc bourgeois. Dans le dernier chapitre nous analyserons la recomposition du paysage politique impliquée par la crise des alliances sociales traditionnelles et l'émergence du bloc bourgeois. Cette analyse nous permettra d'identifier huit projets politiques différents qui caractérisent la vie politique française.

Nous n'avons pas l'ambition de pronostiquer quel projet s'imposera ; mais il est essentiel de souligner que le contenu des réformes institutionnelles à venir et le destin du modèle social français dépendent non pas d'un critère d'efficacité économique, mais du résultat d'un conflit politique dont l'issue est on ne peut plus incertaine.

1

La crise politique : l'absence d'un bloc social dominant

CARACTÉRISATION THÉORIQUE DE LA CRISE POLITIQUE

Si l'on en juge par la défiance croissante des Français à l'égard du personnel et des institutions politiques, il y aurait des raisons de croire que notre pays connaît une crise politique. En réponse à une enquête de 2012 du Cevipof[3], 31 % des interviewés seulement disaient avoir confiance dans l'institution présidentielle, 28 % dans l'Assemblée nationale et 26 % dans le gouvernement. Ils étaient 85 % à considérer que les responsables politiques s'intéressent « peu ou pas du tout » à leur avis, 52 % à n'avoir confiance ni dans la droite ni dans la gauche pour gouverner le pays, et seulement 12 % à avoir « très confiance » ou « plutôt confiance » dans les partis politiques. Si on cumule les réponses à la question « Qu'éprouvez-vous d'abord si on évoque la politique ? », on n'atteint que 20 % pour les réponses positives : intérêt (13 %), espoir (6 %) et respect (1 %). En revanche, les sentiments négatifs, méfiance (38 %), dégoût (26 %), ennui (12 %) et peur (3 %), touchaient quatre sondés sur cinq. L'enthousiasme, lui, était à 0 %.

L'usage du terme « crise », très répandu dans la littérature de sciences sociales, recouvre plusieurs significations. Il est important de préciser le sens de ce mot dans un cadre d'économie politique. Si l'on veut comprendre la crise profonde de la représentation politique, on ne doit pas se contenter d'opposer « les Français » aux élus. Au sein de la « société civile », les intérêts sont différenciés.

Il ne faut pas attendre d'un pouvoir politique qu'il les représente tous.

Ainsi, le premier pas pour construire une analyse positive de la crise française consiste à renoncer à toute définition de l'intérêt général, du bien commun, de la politique « juste » ou « optimale », dans laquelle tout le monde devrait se reconnaître. Les politiques publiques doivent être analysées comme des tentatives de médiation entre des intérêts, en particulier socioéconomiques, qui sont différenciés et ne peuvent pas être reconduits à l'unité. Cela laisse la place pour de multiples stratégies politiques qui traceront des frontières différentes entre les intérêts qu'elles se proposent de défendre et les intérêts qu'elles sacrifient. Qu'une partie de l'électorat ne se reconnaisse pas dans les choix politiques est par conséquent dans l'ordre des choses. La crise est une question de mesure : s'il ne peut y avoir consensus autour d'une stratégie politique, quelle qu'elle soit, la stabilité du système est menacée quand le soutien politique tombe à des niveaux si faibles.

Il s'agit d'abord d'analyser les mécanismes de production du soutien politique et ensuite de comprendre ce qui les bloque en France aujourd'hui. Pour cela, il faut considérer qu'économie et politique évoluent ensemble, se conditionnant réciproquement. S'il est courant d'analyser l'impact des choix publics sur la dynamique économique, on doit aussi prendre en compte le mouvement contraire, qui va de l'économie au politique. Le processus d'accumulation économique est à l'origine d'une série d'attentes, multiples et pour partie contradictoires, qui demandent à être protégées par les décisions politiques. Le soutien politique et électoral s'enracine exactement dans la sélection et la satisfaction d'une partie de ces attentes. Les modalités de production et de distribution de la richesse, d'un côté, la répartition du pouvoir de prendre des décisions qui s'imposent à l'ensemble de la société, de l'autre, évoluent ainsi au cours du temps en se déterminant réciproquement. La reproduction d'une structure sociale est possible si l'accumulation de la richesse et celle du pouvoir politique, encadrées par les institutions, se renforcent mutuellement (figure 1).

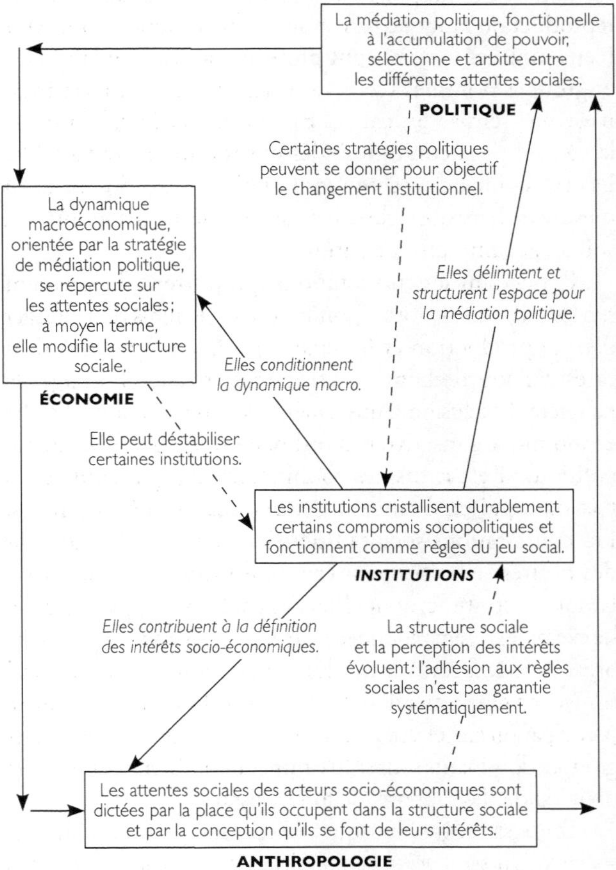

Figure 1. Les institutions au cœur de l'économie politique[3].

L'économie et le politique évoluent ensemble mais répondent à des finalités différentes; cette hétérogénéité des logiques de fonctionnement est au cœur de la reproduction sociale, qui n'est donc jamais garantie. L'évolution économique et sociale s'accompagne toujours d'une transformation des rapports de force. Mais on peut parler de reproduction tant que la frontière entre groupes dominants (ceux dont les intérêts sont protégés par les choix publics) et groupes dominés (ceux dont les intérêts sont sacrifiés) n'est pas remise en cause. En revanche, l'évolution de la société peut conduire à des crises d'intensité variable. La crise coïncide avec une contestation de l'ordre social en mesure de faire obstacle soit à l'accumulation économique, soit à l'accumulation politique.

Cependant les contestations qui portent directement sur les rapports de force économiques – le refus de s'engager dans la production et la répartition de la richesse – sont rares car lourdement sanctionnées: par le chômage, la pauvreté, l'exclusion. Ainsi, même les contestations d'ordre économique s'inscrivent d'ordinaire dans la sphère sociopolitique: c'est le cas des conflits sociaux, qui n'ont certes pas manqué en France au cours des dernières années. Les contestations sociopolitiques rencontrent à leur tour des limites: elles peuvent être réprimées par le recours à la violence légitime, dont l'État détient le monopole. Là aussi, les exemples récents abondent. Les sociétés démocratiques sont organisées de façon à ce que les contestations de l'ordre social trouvent à s'exprimer dans les processus électoraux. Ce sont la participation aux élections et leurs résultats qui indiquent si les groupes dominants sont suffisamment nombreux et puissants pour valider les rapports de force existants.

Toute stratégie politique sélectionne parmi les intérêts sociaux. Un *bloc social* est constitué par les groupes protégés par une stratégie; il est *dominant* s'il est en mesure de valider politiquement la stratégie de médiation qui en est à l'origine. Ainsi, la reproduction sociale, à savoir la stabilité de la frontière entre intérêts dominants et dominés, et la stabilité politique, c'est-à-dire la possibilité pour le pouvoir en place de produire un soutien suffisant à sa viabilité, reposent sur l'existence d'un bloc social dominant.

Les multiples stratégies de médiation politique entre les intérêts s'affrontent sur un terrain défini par les *institutions*, qu'il faut comprendre comme les règles du jeu social. Pas plus que les stratégies, ces règles ne répondent à des critères d'efficacité ou de justice sociale. Les institutions sont le produit de conflits politiques qui aboutissent à des compromis durablement inscrits dans des règles qui échappent au conflit politique ordinaire. Une stratégie politique peut évidemment se donner un changement institutionnel pour objectif ; mais elle provoquera la réouverture d'un conflit qui avait été provisoirement résolu par un compromis institutionnalisé.

D'ordinaire, la médiation entre les intérêts se fait donc à l'intérieur d'un cadre institutionnel qui définit les contraintes que l'action politique doit respecter si elle veut éviter d'élargir le conflit social. Il se peut toutefois que, à l'intérieur du cadre institutionnel existant, aucune stratégie de médiation politique ne garantisse la viabilité d'un bloc social dominant. C'est cette situation que nous qualifierons de *crise politique*, et c'est une crise de ce type que traverse la France.

La situation de crise se manifeste directement dans l'instabilité politique : le pouvoir en place n'est pas en mesure, par son action, de renouveler le soutien dont il a besoin pour asseoir sa légitimité. L'instabilité est ainsi une conséquence de la crise politique, qui s'enracine dans la difficulté de construire un compromis social dominant.

Ce type de crise trouve son expression la plus simple dans les urnes. Depuis la fin des années 1970, tous les gouvernements en place ont été battus lors des élections qui devaient renouveler leur mandat : c'est la manifestation la plus évidente de la crise politique française, qui dure donc depuis bientôt quarante ans. Les seules exceptions à la règle qui voit la majorité sortante devenir minorité à l'échéance électorale suivante s'expliquent par le fait que les gagnants ont affiché leur opposition à leur propre camp : Chirac est élu président en 1995, mais en *outsider* hostile au gouvernement Balladur ; Sarkozy fait de même en 2007, après avoir agi en adversaire interne du gouvernement Villepin, contre « l'immobilisme » de la présidence Chirac. D'autres signaux électoraux de la crise politique française sont la présence de Jean-Marie Le Pen au second tour de la présidentielle 2002, la victoire du « non » – contre les recommandations de tous les partis « de gouvernement » – lors du référendum de 2005 sur la Constitution européenne, ou encore la montée, au cours des trois dernières décennies, d'un parti considéré « antisystème » comme le Front national. Ces événements sont bien connus et largement discutés ; notre point de vue est qu'il faut les voir comme des *conséquences* d'une crise politique qui s'enracine dans la difficulté de former un compromis social dominant.

En situation de crise, les acteurs politiques n'ont guère de solution à leur portée. Dans le cadre institutionnel existant, leurs stratégies sont vouées à l'échec : un échec *politique*, qui correspond à l'impossibilité d'agréger une alliance sociale dominante, et qui entraînera la chute du soutien dont les acteurs politiques ont pourtant besoin pour s'affirmer. La crise politique a ainsi un impact immédiat sur les institutions : en réaction à l'impossibilité de former un bloc dominant dans une architecture institutionnelle donnée, le changement des institutions – et l'élargissement du conflit social qu'il provoque – sera intégré dans les différentes stratégies politiques.

Une fois encore, ce changement ne répond nullement à des objectifs d'efficacité économique ou de justice sociale : il sera adapté au profil du bloc social que chaque stratégie se propose d'agréger. Les projets politiques se différencieront ainsi par la nature des institutions à modifier et par le contenu des modifications envisagées. Qu'on songe par exemple à l'importance plus ou moins grande que les programmes politiques français accordent à la réécriture du Code du travail, à la renégociation des traités européens ou encore aux règles organisant les marchés financiers. Quelles institutions doivent être modifiées en priorité, et dans quel sens ? Pour répondre à ces questions, c'est le profil des alliances sociales que les acteurs politiques essaient de former et non l'efficacité économique qui est à prendre en compte. Le conflit sur les réformes institutionnelles qui caractérise depuis plusieurs années le paysage politique français est donc à son tour une conséquence directe de la crise politique.

LES CLASSES POPULAIRES SANS REPRÉSENTATION POLITIQUE

Si, d'un point de vue théorique, la crise politique coïncide avec la difficulté de stabiliser un bloc social susceptible de soutenir une stratégie politique, le trait spécifique de la crise française est l'exclusion plus ou moins complète de l'ensemble des classes populaires des alliances sociales sur lesquelles, au cours des dernières décennies, l'action gouvernementale (de droite ou de gauche) a tenté de s'appuyer.

La condition *populaire* renvoie à la subalternité et à la subordination dans la division du travail[5]. Il est cependant fondamental pour notre analyse de ne pas considérer les classes populaires comme un univers homogène. Comme le souligne Olivier Schwartz, « la notion de "classes populaires" réunit sous une même dénomination tout un ensemble de groupes et de situations qui peuvent être très hétérogènes. Peuvent ainsi être réputés appartenir aujourd'hui aux classes populaires des paysans, des ouvriers, des employés, des agents de maîtrise, de petits artisans ou commerçants, des salariés d'une entreprise à statut, des jeunes marginalisés, etc. Les attentes dont sont porteuses les classes populaires sont ainsi loin d'être identiques, car ces classes sont différenciées par leurs conditions d'existence et leurs situations de travail, les expériences et les trajectoires sociales les plus typiques de leurs membres, les contraintes auxquelles ceux-ci sont soumis, les pratiques et les savoirs qu'ils développent pour y faire face, etc. De cet ensemble de déterminations résultent des traits culturels et des formes de vie que peuvent séparer bien plus que des nuances[6] ».

Comme on le verra, pendant la période précédant la crise politique, des fractions des classes populaires étaient présentes aussi bien dans le bloc de gauche (ouvriers, employés à faible qualification) que dans le bloc de droite (artisans, petits commerçants, la partie défavorisée du monde agricole). Cependant ces deux blocs se sont fissurés à partir des années 1980 et ont fini par exploser, toute tentative de recomposition s'étant depuis soldée par un échec. Au point que l'impossibilité d'intégrer les classes populaires dans une alliance « de gouvernement » a été théorisée : pour la fondation Terra nova[7], c'est désormais le Front national qui « se pose en parti des classes populaires, et il sera difficile à contrer » (p. 15).

Dans la vision de Terra nova, qui constitue une sorte de lieu commun des « élites » politiques, le FN est un parti antisystème condamné à l'opposition ; lui déléguer la représentation des classes populaires revient ainsi à exclure de tout échange politique les intérêts les plus faibles. Le projet de formation d'un « bloc bourgeois[8] », que nous discuterons, s'appuie précisément sur la marginalisation politique des classes populaires, qui resteraient exclues d'une nouvelle alliance recombinant les couches moyennes et hautes des anciens blocs de droite et de gauche.

Si la crise de représentation des classes populaires est généralisée, nous allons nous intéresser plus particulièrement aux groupes sociaux qui historiquement ont cherché et parfois trouvé dans la gauche politique la réponse à leurs attentes. La gauche n'a jamais représenté l'ensemble des classes populaires, mais une partie très importante de celles-ci. Pour simplifier mais sans trop s'éloigner de la réalité, on peut dire que la gauche a été longtemps soutenue par les classes populaires salariées ; c'est-à-dire celles dont le rapport de subordination est formalisé dans un contrat de travail.

Les figures 2 à 4 montrent les votes pour les partis de gauche (incluant l'extrême gauche) et de droite (y compris l'extrême droite), ainsi que l'abstention, ventilés par catégorie socioprofessionnelle, telles qu'ils ressortent des enquêtes électorales pour les années 1978 et 2012[9].

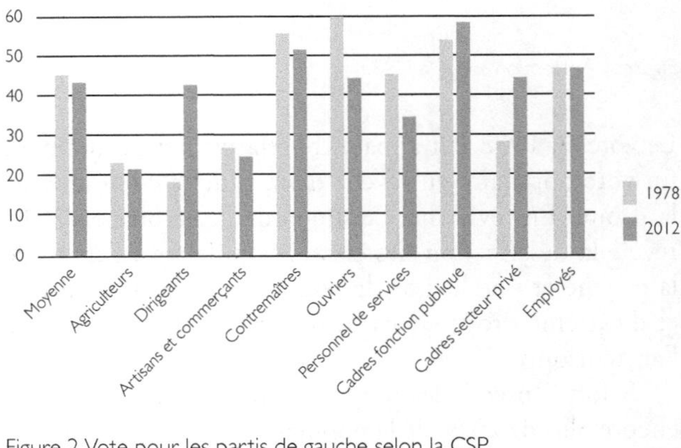

Figure 2. Vote pour les partis de gauche selon la CSP.

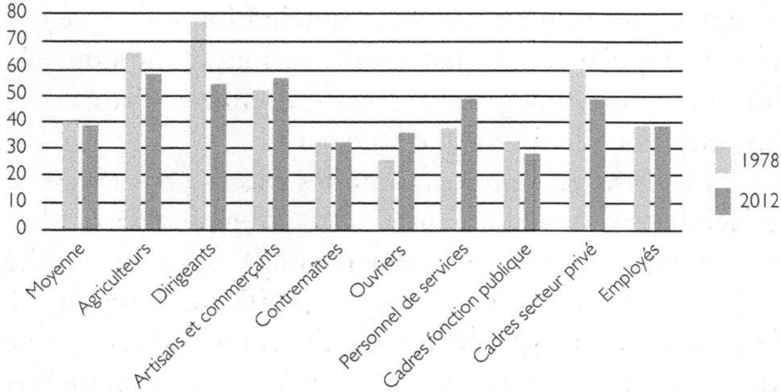

Figure 3. Vote pour les partis de droite selon la CSP.

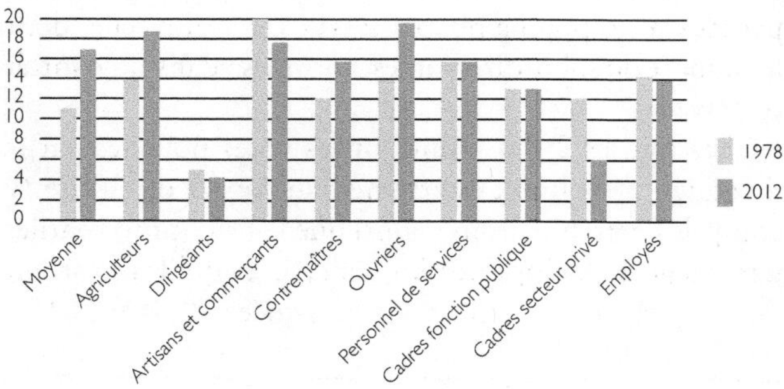

Figure 4. Abstention selon la CSP.

Le vote en 1978 fait apparaître relativement clairement un vote populaire en faveur de la gauche et éloigné de la droite. En revanche, l'examen de l'électorat en 2012 révèle la désaffection des classes populaires à l'égard de la gauche et une hausse du soutien aux partis de droite et d'extrême droite, mais surtout une augmentation de l'abstention.

Selon l'Insee[10], les ouvriers représentaient en 2012 encore plus de 20 % de la population active, et même un peu plus de la population totale si on prend en compte les retraités. En additionnant ce pourcentage à celui des employés (dont le salaire moyen est plus faible que celui des ouvriers), on arrive environ à la moitié des actifs. C'est le rapport entre ces classes et la gauche qui est entré en crise à partir des années 1980. La dynamique du vote ouvrier pour le candidat socialiste au second tour des présidentielles montre qu'il existait un lien privilégié et très fort entre la gauche et cette fraction des classes populaires ; mais que ce lien s'est affaibli au cours du temps jusqu'à pratiquement disparaître. Ainsi, en 1974 François Mitterrand avait obtenu 49,2 % des suffrages au second tour, mais plus de 68 % du vote des ouvriers, avec donc une différence positive de 19 %. Or la différence entre le vote ouvrier en faveur du candidat socialiste et la moyenne nationale ne cesse de se réduire à chaque nouvelle élection présidentielle : 15 % en 1981 et 14 % en 1988 (François Mitterrand), 10 % en 1995 (Lionel Jospin), 8 % en 2007 (Ségolène Royal), 4 % en 2012 (François Hollande).

Tableau 1. Second tour de l'élection présidentielle. Vote pour le candidat socialiste

% vote ouvrier, différence par rapport à la moyenne nationale					
1974	1981	1988	1995	2007	2012
+ 19 %	+ 15 %	+ 14 %	+ 10 %	+ 8 %	+ 4 %

Source : élaboration sur enquêtes post-électorales Sofres.

Les ouvriers et la gauche : la rhétorique d'une rupture inéluctable

Pour Terra nova[11], *think tank* qui a une forte influence sur les stratégies du Parti socialiste, la rupture entre la gauche et les classes populaires qu'elle représentait est inéluctable. La « coalition historique de la gauche, centrée sur la classe ouvrière, est en déclin » d'après eux. Ce serait une

« nouvelle coalition », la « France de demain », qui serait appelée à lui succéder. Elle serait « plus jeune, plus diverse, plus féminisée, plus diplômée, urbaine et moins catholique ». Surtout, cette France de demain serait progressiste au plan culturel et libérale au plan économique car composée d'*outsiders*.

La référence est faite ici par Terra nova à la distinction *insiders/outsiders*, inventée par les économistes dans les années 1980 et récupérée par les politistes dans les années 2000. Les attentes des *outsiders* en matière d'action publique différeraient profondément de celles des *insiders*. Selon cette vision simpliste de la segmentation du travail, les *outsiders* souhaiteraient une action pour « briser le plafond de verre », alors que les *insiders* ne voudraient que se protéger, au détriment des *outsiders*. Ces derniers constitueraient donc « le nouvel électorat "naturel" de la gauche » (p. 5).

L'opposition *insiders/outsiders* constituerait alors le clivage fondamental, opposant les catégories qui – par leur statut – sont socialement privilégiées aux couches sociales les moins protégées. Les ouvriers, du moins ceux qui jouissent d'un CDI, font selon Terra nova partie du groupe des privilégiés, et la crise de leur rapport avec la gauche s'explique par trois phénomènes majeurs :

A. La globalisation : « Le modèle de société porté par la social-démocratie – l'économie sociale de marché, autour de la construction de l'État providence – n'est plus compatible en l'état avec le nouveau monde globalisé. Il doit être refondé » (p. 6). La globalisation obligerait ainsi la gauche socialiste non seulement à changer sa base sociale et à dire adieu aux ouvriers, mais aussi à repenser son rôle historique, largement centré sur la construction de l'État providence et l'élargissement progressif des droits des salariés. Les mêmes droits qui valent aux salariés en CDI d'être aujourd'hui qualifiés par Terra nova d'*insiders* privilégiés.

B. Le rétrécissement de la classe ouvrière et le déclin de l'identité ouvrière : « Après un siècle d'expansion, la population ouvrière se contracte rapidement à partir de la fin des années 1970, pour ne plus représenter que 23 % des actifs aujourd'hui – soit pour la gauche une chute de 40 % de son socle électoral. Ce phénomène, corollaire de la désindustrialisation du pays, est amplifié par la dévitalisation du sentiment de classe : seul un quart des ouvriers se reconnaissent dans la classe ouvrière. L'explication est à trouver dans la recomposition interne du monde ouvrier. Le nombre d'ouvriers non qualifiés a fortement décru, au profit des ouvriers qualifiés, mieux rémunérés, qui accèdent à la société de consommation, et qui se reconnaissent davantage dans les classes moyennes. Par ailleurs, les ouvriers de l'industrie ne représentent plus que 13 % des actifs : deux ouvriers sur cinq travaillent dans le secteur tertiaire, comme chauffeurs, manutentionnaires ou magasiniers. Ces ouvriers des services, qui travaillent dans l'isolement, ne bénéficient plus de l'identité ouvrière : le collectif de travail de l'usine, la tradition syndicale, la fierté du métier » (p. 6-7).

C. Si les deux premiers facteurs de la crise du rapport entre la gauche socialiste et le monde ouvrier identifiés par Terra nova sont de l'ordre de l'inéluctable, le troisième est entièrement adossé à la responsabilité des ouvriers eux-mêmes. À l'origine du divorce, il y aurait en effet un changement de valeurs. « À partir de la fin des années 1970, la rupture va se faire sur le facteur culturel. Mai 68 a entraîné la gauche politique vers le libéralisme culturel : liberté sexuelle, contraception et avortement, remise en cause de la famille traditionnelle… Ce mouvement sur les questions de société se renforce avec le temps pour s'incarner aujourd'hui dans la tolérance, l'ouverture aux différences, une attitude favorable aux immigrés, à l'islam, à l'homosexualité, la solidarité avec les plus démunis. En parallèle, les ouvriers font le chemin inverse. Le déclin de la classe ouvrière – montée du chômage, précarisation, perte de l'identité collective et de la fierté de classe, difficultés de vie dans certains quartiers – donne lieu à des réactions de repli : contre les immigrés, contre les assistés, contre la perte de valeurs morales et les désordres de la société contemporaine » (p. 7).

Déclinante sur le plan social, porteuse d'attentes incompatibles avec la globalisation de l'économie, la classe ouvrière serait ainsi repliée sur elle-même du point de vue des valeurs, intolérante envers l'immigration et les changements de la société produits par la libération des mœurs de 1968. Comment la gauche socialiste pourrait-elle représenter encore le monde ouvrier, et surtout pourquoi devrait-elle se proposer de le faire ? Terra nova estime que « les déterminants économiques perdent de leur prégnance dans le vote ouvrier » ; ce serait les « déterminants culturels, renforcés par la crise économique, "hystérisés" par l'extrême droite » qui deviendraient prééminents dans les choix de vote et expliqueraient le basculement des ouvriers vers la droite et le Front national. « Désormais, les ouvriers se positionnent en priorité en fonction de leurs valeurs culturelles – et ces valeurs sont profondément ancrées à droite » (p. 26).

Notons d'abord que cette analyse est fausse d'un point de vue factuel. S'il est vrai que le lien privilégié entre les ouvriers et la gauche s'est singulièrement affaibli jusqu'à presque disparaître, il est erroné de dire que le vote ouvrier a massivement basculé vers le FN et la droite : comme on l'a indiqué plus haut, ce n'est pas tant vers l'extrême droite que vers l'abstention que le vote ouvrier s'est déplacé. Ainsi, à titre d'exemple, l'enquête Ipsos sur les élections régionales de 2015 confirme que le Front national est le premier parti ouvrier en France (43 % des voix exprimées). Mais on aurait une image biaisée de la réalité si on ne prenait pas en considération que – selon la même enquête – ont participé au vote moins de deux ouvriers sur cinq. La représentation correcte du vote ouvrier aux régionales 2015 est la suivante : abstention 61 %, Front national 16 %, listes de gauche 13 %, listes de droite 9 %. On retrouve des résultats analogues, quoique moins impressionnants, pour l'ensemble des classes populaires salariées, qui se réfugient massivement dans le silence électoral et beaucoup moins dans les bras du FN. Si on remonte la hiérarchie sociale, on aperçoit un double mouvement : le pourcentage de votants augmente, les suffrages pour le Front national baissent[12].

La deuxième remarque concerne la question du changement des valeurs qui éloigne les ouvriers de la gauche. « Plus un individu est diplômé, plus il adhère aux valeurs culturelles de la gauche, écrit Terra nova : libertés des mœurs, tolérance, ouverture aux différences culturelles, acceptation de l'immigration » (p. 29). L'adhésion aux valeurs « de gauche » progresserait ainsi avec le niveau des études. Les ouvriers, et plus généralement les travailleurs peu qualifiés, ne seraient plus de gauche du point de vue culturel, et la gauche ne pourrait qu'en prendre acte. Or il y a un présupposé fondamental de l'enquête Terra nova qui n'est pas du tout discuté dans le rapport : comment et par qui a été fixée la liste des valeurs *culturelles de gauche*? On peut supposer que les résultats obtenus par Terra nova – qui identifie dans les cadres et les catégories socioprofessionnelles supérieures les classes les plus à gauche du point de vue culturel (p. 27) – auraient été différents si des valeurs comme l'égalité ou la solidarité[13] (absentes de la liste retenue) avaient été prises en compte pour caractériser la culture de gauche. Plus généralement, le choix de négliger tout ce qui relève de ce qu'autrefois on appelait la « question sociale » ne peut que biaiser en faveur des attentes des classes les plus (culturellement) favorisées la représentation de l'espace des « valeurs de la gauche ».

Remarquons enfin que, selon cette analyse, le divorce entre la gauche et les ouvriers n'est nullement le produit des politiques publiques élaborées par les gouvernements au cours des trente-cinq dernières années. Globalisation, mutations industrielles et déclin de la classe ouvrière, changement de valeurs : Terra nova ne dit pas un mot des politiques portant sur la fiscalité, la protection sociale ou le marché du travail. Ou bien, lorsque c'est le cas (par exemple en référence au « tournant de la rigueur » de 1983), les politiques menées sont plus ou moins explicitement pensées comme les suites « inévitables » des éléments mentionnés (globalisation, etc.). C'est parce que les attentes des ouvriers en matière de politique économique seraient devenues impossibles à satisfaire (l'économie sociale de marché n'est plus compatible avec le monde globalisé, *dixit* Terra nova) et que, par conséquent, on ne saurait distinguer droite et gauche sur le plan des politiques économiques, qu'il ne resterait plus que la dimension « culturelle » à exploiter dans une optique de différenciation politique. Ce raisonnement trahit la représentation strictement bidimensionnelle – économique et « culturelle » – de l'espace politique qu'affectionnent tout particulièrement les politistes contemporains.

Ce sont les limites de cette conception bornée de la structuration de l'espace politique qui permettent à Terra nova de qualifier d'inéluctable le divorce entre les ouvriers et la gauche. « Il n'est pas possible aujourd'hui pour la gauche de chercher à restaurer sa coalition historique de classe : la classe ouvrière n'est plus le cœur du vote de gauche, elle n'est plus en phase avec l'ensemble de ses valeurs, elle ne peut plus être comme elle l'a été le moteur entraînant la constitution de la majorité électorale de la gauche. La volonté pour la gauche de mettre en œuvre une stratégie de classe autour de la classe ouvrière, et plus globalement des classes populaires, nécessiterait de renoncer à ses valeurs culturelles, c'est-à-dire de rompre avec la social-démocratie» (p. 13).

Nos remarques font douter fortement de la thèse centrale de Terra nova: les ouvriers ont basculé à l'extrême droite pour des raisons culturelles et identitaires. Cependant c'est cette thèse qui fonde la conclusion politique centrale du rapport: les ouvriers sont devenus le pilier électoral du Front national. «Le FN se définit désormais comme un parti "national" et "social": très à droite sur les questions culturelles et à gauche sur les questions économiques et sociales. Il se positionne ainsi très exactement sur les valeurs de l'électorat ouvrier. Pour la première fois depuis trente ans, un parti politique est en phase avec l'ensemble des aspirations ouvrières. C'est pourquoi il sera difficile d'empêcher le FN de devenir le parti des ouvriers. Et, plus globalement, le parti des classes populaires travailleuses: les employés ont des valeurs proches de celles des ouvriers et vont donc être également sensibles aux sirènes du FN» (p. 46-47).

La gauche devrait ainsi se recomposer non plus sur la base d'une logique de classe, mais sur des valeurs: «L'identité de la coalition historique de la gauche était à trouver dans la logique de classe: les travailleurs "exploités" face aux patrons et représentants du capital; les salariés modestes, ouvriers et employés, contre les cadres et classes moyennes supérieures. [...] La recomposition en cours se fait sur les valeurs. Elle se structure autour du rapport à l'avenir: l'investissement dans l'avenir contre la défense du présent. La nouvelle gauche a le visage de la France de demain: plus jeune, plus féminin, plus divers, plus diplômé, plus urbain. Cette France de demain, en construction, est unifiée par les valeurs culturelles: elle veut le changement, elle est tolérante, ouverte, solidaire, optimiste, offensive. La France de demain s'oppose à un électorat qui défend le présent et le passé contre le changement» (p. 54).

Dans cet électorat conservateur, il faut bien évidemment compter les ouvriers et les « classes populaires travailleuses », qui se retrouveraient ainsi nécessairement exclus de la nouvelle coalition « sociale-démocrate » : celle-ci devrait réunir les *outsiders*, qui éprouvent des difficultés à « entrer dans la société » : « les jeunes, les femmes, les minorités, les chômeurs ». Où se situe la source de leurs difficultés, d'après Terra nova ? Dans la volonté des *insiders* de « préserver les droits acquis ».

L'action publique serait nécessaire pour changer ce regrettable état de fait en permettant aux *outsiders* de « surmonter les barrières qui se dressent devant eux ». Heureusement, ces malheureux *outsiders* bénéficieraient du soutien désintéressé de quelques-uns des mieux lotis, « les plus intégrés (les diplômés), solidaires de ces "exclus" par conviction culturelle ». Qui sont les ennemis des *outsiders*? « La France individualiste et libérale, qui se défie de la solidarité sociale et du rôle de l'État : les seniors, les artisans et commerçants, les agriculteurs, les catholiques... Mais on trouve aussi, c'est nouveau, les "insiders" menacés : les ouvriers et les employés – ceux-là ont peur pour leurs statuts économiques (CDI), leurs avantages sociaux. Ils souhaitent l'intervention de l'État, mais à leur profit : pour protéger leurs droits acquis menacés. État protecteur contre État émancipateur, "protégez-moi" contre "aidez-moi à réussir" » (p. 55).

Cette rhétorique reprend l'argumentaire classique de la littérature *insider/outsider* qu'on peut résumer comme suit : les « protections » (législation du travail) dont jouissent (indûment, bien sûr) les *insiders* se paient par une précarité accrue des *outsiders*. Ces derniers ne demanderaient alors pas mieux que la suppression de ces entraves au marché concurrentiel du travail. Cependant, lorsqu'on leur demande leur avis, ce n'est pas tant le démantèlement du droit du travail que l'accès à un emploi non précaire que désirent les *outsiders*[14].

Les ouvriers et les classes populaires salariées seraient désormais ancrés à l'extrême droite du point de vue culturel ; la gauche ne pourrait plus se proposer de répondre à leurs attentes. Le corollaire de cette thèse centrale est que la mission de la gauche ne serait plus de faire progresser les droits des travailleurs, regardés au contraire comme des « droits acquis » qui feraient obstacle au changement et à la protection des intérêts des catégories les plus faibles (les *outsiders*). La crise du rapport entre la gauche et les classes populaires salariées est ainsi considérée comme inéluctable.

Une rupture programmée et délibérée

Cependant, il faut le répéter, contrairement à ce qu'affirme Terra nova (qui tient un discours analogue à celui d'une grande partie des médias, à moins que ce ne soit l'inverse), cette crise ne se traduit que très partiellement par un vote Front national. Beaucoup plus massive est la réaction que Patrick Lehingue, en reprenant la classification de l'économiste Albert Otto Hirschman, qualifie d'*exit*[15] : la montée de l'abstention date de la seconde moitié des années 1980. Elle atteint, parmi les ouvriers, 59 % à la présidentielle de 2012, 65 % aux européennes de 2014 et – on l'a vu – 61 % aux régionales de 2015[16]. On notera au passage que la stratégie *exit* ne concerne pas seulement les ouvriers et les employés (qui affichent des taux d'abstention semblables), mais aussi – et même dans une plus forte mesure – les chômeurs : pour toutes ces catégories la participation au vote est devenue très minoritaire, et au moins de ce point de vue on ne trouve pas trace du clivage *insiders/outsiders* sur lequel repose l'analyse de Terra nova.

Comme le souligne Lehingue, la crise massive de la représentation politique des classes populaires ne s'exprime pas seulement dans le vote, mais aussi directement dans le profil des élus. À l'issue des législatives de 2012, seuls

12 anciens ouvriers ou employés ont été élus à l'Assemblée nationale. Ils étaient 98 en 1945, alors qu'une représentation statistiquement parfaite correspondrait à 290 élus (166 employés, 124 ouvriers). De même, en 2012, les anciens ouvriers et employés qui dirigeaient la mairie d'une commune avec plus de 30 000 habitants étaient 6 sur 260 (2,4 %) : ils étaient 78 en 1983[17].

Pour la fataliste Terra nova, on l'a dit, l'évolution du rapport entre les ouvriers et la gauche est le produit de facteurs objectifs (globalisation, mutations industrielles) et de l'évolution des valeurs ouvrières vers des opinions rétrogrades. Mais une analyse plus sérieuse doit prendre en compte le déclin de leurs organisations, la précarisation et la fragmentation de leur univers, le déclassement économique et symbolique de leurs positions, et surtout les politiques publiques délibérément choisies à partir des années 1980 par les gouvernements de gauche.

Ainsi, la rupture avec les classes populaires est pour partie le résultat d'un projet politique qui s'est proposé de disqualifier les ouvriers. Selon Gérard Mauger[18], et aussi selon Julian Mischi[19] qui s'intéresse plus particulièrement à la trajectoire du Parti communiste français, la disqualification des ouvriers s'est faite sur trois dimensions : économique, politique et symbolique. Elle a pris le temps des trois générations identifiées par Gérard Noiriel[20]. À la « génération héroïque », celle qui participe aux combats du Front populaire et de la Résistance, succède la « génération de la modernisation », qui bénéficie de l'extension des protections de l'État social, de l'augmentation du pouvoir d'achat, etc., elle-même suivie par la « génération de la crise », qui subit les conséquences du chômage de masse et de l'extension de la précarité.

Contrairement à Terra nova, Mauger et Mischi considèrent d'abord que la précarisation de l'emploi ouvrier est le résultat d'une stratégie politique, et non un phénomène inéluctable. Les mutations économiques de la condition ouvrière – tertiarisation, précarisation, chantages liés à la diffusion du chômage de masse – ont leur pendant politique, selon Mauger, dans « les désillusions successives entraînées par les "recentrages" successifs de la gauche "de gouvernement", dans la confusion engendrée par le caractère de plus en plus interchangeable des programmes, dans l'effondrement et la disqualification du "socialisme réel", dans la dévaluation symbolique du marxisme et, par extension, de la pensée critique, dans la désertion des "grands ensembles" devenus "quartiers sensibles" par des militants souvent plus proches des "établis" que des "marginaux", dans les divisions internes entre prétendants "disqualifiés" (pour des raisons diverses) à la représentation de "la cause du peuple", dans l'absence d'alternative crédible, etc.[21] ».

Mischi identifie une responsabilité particulière du Parti communiste français dans cette dimension politique de la disqualification ouvrière : « La distanciation des classes populaires à l'égard du PCF [...] résulte aussi d'une stratégie politique qui délaisse progressivement les militants ouvriers au profit des "couches sociales nouvelles", ingénieurs, techniciens et cadres notamment. Les responsables communistes qui émergent à la fin des années 1970 dans les départements sont certes encore très souvent d'origine ouvrière, mais ils ont en réalité de moins en moins travaillé en usine et ont accédé rapidement au statut de permanent. Le nombre de permanents augmente tout au long des années 1970 pour atteindre le millier à la fin de la décennie. Surtout, la part des "permanents élus" et des salariés des collectivités locales gérées par le PCF s'accroît. Le rapport aux populations ouvrières passe de plus en plus par des gestionnaires, élus ou fonctionnaires, de moins en moins par des militants. Le maintien des municipalités communistes devient un enjeu central et la possession de ressources scolaires ou de “compétences gestionnaires” apparaît progressivement comme un atout pour militer au PCF et monter dans la hiérarchie interne[22]. »

Mais il y a une autre dimension, fondamentale, de la stratégie de disqualification de la condition ouvrière. C'est la dimension symbolique. « Elle s'est exercée, écrit Mauger, de multiples façons : non seulement à travers le racisme et/ou “le racisme de classe” (associé à la figure du “beauf”), mais aussi par les entreprises de désorientation qui, sous couleur de modernisation, ont entrepris de discréditer les mots anciens (“ouvrier”, “classe ouvrière”, “exploitation”, “lutte de classes”, etc.) dans le champ politique, le champ médiatique, mais aussi dans le champ intellectuel, et les ont remplacés par des trompe-l'œil : l'OS métamorphosé en “opérateur”, l'usine en “entreprise”, la grève en “mouvement social”, les licenciements en “plan social”, le contremaître en “moniteur” et le patron en “entrepreneur”, etc. La perte des “mots de la tribu” ne provoque pas seulement un désarroi discursif, mais dévalue aussi un passé supposé sans avenir[23]. »

Là encore, le Parti communiste a sa part de responsabilité dans cette stratégie. « À la fin des années 1970, écrit Mischi, dans le cadre notamment de la campagne des “Cahiers de la misère”, le PCF tend à se présenter comme le porte-parole “des pauvres”. Tenu par des permanents plus éloignés du monde industriel, ce discours délaisse la notion de “classe ouvrière” et peut se trouver en décalage avec les ouvriers, qui ne se reconnaissent plus dans cette image dévalorisante qui leur est renvoyée. En se tournant vers les “exclus”, les communistes en viennent à se faire les porte-parole de catégories qu'il s'agit d'aider et non plus, comme dans le cas des ouvriers, de mobiliser et de faire accéder au pouvoir politique[24]. »

La disqualification symbolique de l'univers ouvrier est en réalité un processus dont les acteurs sont multiples. Le rapport de Terra nova que nous avons présenté n'a pas de véritable intérêt en tant qu'analyse positive de la rupture entre gauche « de gouvernement » et classes populaires, tellement il est caricatural dans l'omission complète du rôle joué par les politiques des gouvernements de gauche dans cette rupture. Toutefois il révèle bien – par sa charge d'agressivité envers le monde ouvrier et ses valeurs – la volonté de rupture délibérée entre la gauche socialiste et un monde ouvrier fragilisé sur le plan économique, largement sous-représenté politiquement mais qu'il s'agit aussi de disqualifier symboliquement.

D'OÙ VIENT LA CRISE DE REPRÉSENTATION DES CLASSES POPULAIRES : LA RUPTURE DES ANCIENNES ALLIANCES

Si on veut saisir la crise de représentation en France, il faut analyser les obstacles que rencontrent les tentatives de formation d'un bloc social dominant. Ces obstacles sont pour une grande partie liés aux réponses données aux attentes des classes populaires par les décideurs publics au cours des dernières décennies.

Ce n'est donc pas de phénomènes supposés exogènes et inéluctables comme la globalisation et les mutations industrielles ou culturelles, mais de l'analyse des stratégies gouvernementales qu'il faut partir pour comprendre une crise politique qui, pour une large partie, coïncide avec et s'explique par l'exclusion des classes populaires de l'échange politique entre soutien électoral et défense des intérêts socioéconomiques.

Les deux blocs sociaux

En France, deux blocs sociaux correspondant à deux coalitions politiques différentes ont alterné au pouvoir pendant plusieurs décennies[25]. Le paysage sociopolitique de la France de la fin des années 1970 et du début des années 1980 était, par rapport à celui d'aujourd'hui, relativement simple : deux alliances sociales distinctes, avec des attentes différenciées et des organisations politiques bien identifiées.

Le bloc de gauche, qui rassemblait la majorité des salariés du secteur public et la classe ouvrière, était représenté par le Parti socialiste et les autres partis de gauche, en particulier le Parti communiste. Les deux fractions de la gauche, opposées l'une à l'autre pendant la IVe République, avaient construit une alliance politique, l'Union de la gauche, qui malgré son éclatement en 1977 constituait encore une référence pour l'électorat de gauche au début des années 1980. Les attentes structurantes du bloc de gauche allaient dans le sens d'une intervention plus grande de l'État dans l'économie, d'une extension des droits des salariés et de la protection sociale, et d'une augmentation du niveau de vie, notamment pour les salariés à plus faible rétribution.

Le bloc de droite était organisé autour des cadres et professions intermédiaires du secteur privé, professions libérales, indépendants (commerçants et artisans), une grande partie du monde agricole ainsi que les catholiques pratiquants[26]. Il était représenté politiquement par le parti gaulliste et ses alliés libéraux et réclamait l'intervention de l'État pour une stratégie industrielle protégeant les intérêts nationaux, à savoir les entreprises françaises. Ce bloc était opposé à plus de nationalisations, ce qui constituait un point essentiel du programme du gouvernement de la gauche.

Le bloc de droite se différenciait également de l'alliance de gauche sur le thème de l'action sociale et redistributrice de l'État ; l'alliance de gauche désirait diminuer les disparités de revenus en augmentant les impôts, tandis que l'alliance de droite préférait une baisse d'impôts, quitte à voir les inégalités augmenter. Les employés du privé occupaient dans ce cadre une position charnière, pouvant – en fonction de la conjoncture économique et des programmes électoraux – basculer majoritairement vers l'un ou l'autre des deux blocs, en déterminant ainsi sa victoire.

Cette situation, politiquement régulée car axée sur des alliances stabilisées, évolue dès le début des années 1980, et cela à cause des contradictions internes qui se développent au sein de chacun des deux blocs.

Les difficultés du bloc de droite

Nous reviendrons longuement sur la contradiction principale, directement connectée à la construction européenne, qui d'abord fissure puis fait éclater le bloc de gauche. Mais des contradictions majeures surgissent aussi au sein de l'autre bloc. À droite, la médiation fondée sur une recherche de compétitivité pilotée par l'État est contestée dès les années 1980 et de façon grandissante par la partie la plus populaire de l'alliance : artisans, commerçants, très petits entrepreneurs.

Cette contestation est le produit de la conjonction de deux facteurs. D'une part le ralentissement de la croissance rend davantage pénalisants, pour ces groupes dont les activités sont loin d'être les plus productives et les plus compétitives de l'économie française, les niveaux relativement élevés de la protection dont jouissaient les salariés et de l'imposition qui accompagne nécessairement le rôle joué par l'État dans le modèle de capitalisme français tel qu'il s'est développé dans l'après-guerre. D'autre part, les expériences électoralement gagnantes menées par Margaret Thatcher et Ronald Reagan montrent qu'*une autre droite est possible* et deviennent des modèles de référence pour le

Front national de l'époque – qui se pose en concurrent de la droite républicaine – mais aussi la source d'un clivage important au sein même de la droite « de gouvernement ».

Les politiques néolibérales sont ainsi au cœur des problèmes affectant non seulement, on le verra, le bloc de gauche, mais également le bloc de droite. L'alliance de droite autour de la coalition RPR-UDF/UMP a été au pouvoir trois fois pour deux ans, en 1986-1988, 1993-1995 et 1995-1997, puis entre 2002 et 2012. Le gouvernement Chirac de 1986 tira en grande partie son inspiration de la « révolution conservatrice » qui avait alors lieu au Royaume-Uni et aux États-Unis. Il arriva donc au pouvoir avec l'ambition affichée de changer radicalement les structures de l'économie française. Le programme de réforme était centré sur les privatisations – c'est-à-dire une inversion radicale de la politique économique menée par l'alliance de gauche en 1981 – et, de manière moins marquée, sur la flexibilisation du marché du travail. Un vaste programme de privatisations fut lancé et la nécessité pour une entreprise d'obtenir l'autorisation administrative de licenciement supprimée. Cela eut des conséquences importantes sur la possibilité donnée aux entreprises de mettre en œuvre des politiques de restructuration, avec les répercussions inévitables en matière de suppressions d'emplois.

Cette orientation néolibérale suscita des problèmes au sein même de la base sociale de la droite, avec une opposition entre les groupes réclamant une forte flexibilité du marché du travail (artisans, commerçants, indépendants) et ceux qui se sentaient menacés par celle-ci (notamment les salariés du secteur privé) : la flexibilisation néolibérale du marché du travail et, dans une moindre mesure, certaines privatisations allèrent ainsi à l'encontre des exigences de sécurité économique, de services publics et de redistribution de certains groupes au sein du bloc. La tentative de Jacques Chirac en 1986 correspondait plus à un alignement sur les attentes d'une partie de sa base sociale, favorable à une transformation néolibérale radicale, qu'à une médiation entre les différentes attentes de l'alliance de droite.

L'échec de l'expérience de 1986-1988 eut un impact durable sur les stratégies politiques suivies par la droite. Les politiciens de droite de premier plan intégrèrent le fait que la forte demande de libéralisation et de flexibilisation du marché du travail portée par une partie de leur électorat était difficile à réconcilier avec les demandes de sécurité exprimées par les salariés du secteur privé. Cette contradiction fondamentale explique la prudence avec laquelle les réformes du marché du travail ont été menées jusqu'à la présidence Sarkozy. Les seules tentatives sérieuses de flexibiliser le marché du travail ont toujours été faites à la marge, c'est-à-dire sur des groupes ciblés de la population active, et non au cœur de cette dernière[27]. Ironiquement, c'est sous la présidence socialiste de François Hollande que la réforme néolibérale de la relation de travail la plus significative a été entreprise.

Le gouvernement Balladur de 1993-1995 s'abstint de modifier sensiblement les institutions du marché du travail et se concentra plutôt sur la poursuite du programme de privatisations, dans le but de former des noyaux durs d'actionnaires stables, choisis par le ministère des Finances. Une première réforme importante pour réduire la protection sociale concerna les retraites du secteur privé, un geste risqué étant donné la composition de la base sociale de la droite, qui s'appuie en grande partie sur les « seniors ». Bien que la réforme soit passée sans provoquer de réactions significatives de la part des syndicats, elle ajouta aux difficultés rencontrées par Édouard Balladur dans la compétition avec Jacques Chirac pour le leadership de la droite. En effet, ce dernier put saisir l'occasion pour se démarquer de l'orientation néolibérale en proposant une médiation entre les demandes divergentes du bloc de droite très différente de celle de Balladur.

Lors de l'élection présidentielle de 1995, Chirac devança Balladur au premier tour et remporta l'élection contre Lionel Jospin au second tour en adoptant une position quasiment de centre-gauche, critiquant le manque de réaction du gouvernement Balladur face aux inégalités croissantes (mise en avant du thème de la « fracture sociale ») et promettant une politique de relance visant à augmenter le pouvoir d'achat (« La feuille de paie n'est pas l'ennemi de l'emploi »). Les propositions de Chirac permirent de réunifier le bloc de droite. Cependant, une fois élus, Chirac et son Premier ministre Alain Juppé entreprirent une politique néolibérale plus classique que ce que les appels à résorber la « fracture sociale » avaient laissé présager.

Un tournant important fut l'échec de la réforme des retraites de 1995. Juppé avait été assez prudent pour cibler un groupe qui se reconnaissait largement dans le bloc de gauche, les fonctionnaires et les salariés des entreprises publiques, avec leurs régimes spéciaux de retraites. L'enjeu de la réforme était d'aligner les régimes spéciaux sur le régime général du secteur privé, ce qui entraînait une diminution du niveau des retraites. La réforme avait même obtenu le soutien d'un certain nombre de syndicalistes, d'universitaires et d'intellectuels traditionnellement considérés comme « de gauche »[28]. Pourtant, l'opposition à la réforme fut massive et se transforma en un mouvement contre les politiques néolibérales en général, qui non seulement permit de réunifier les classes populaires au sein du bloc de gauche, mais recueillit également le soutien des salariés du secteur privé, qui appuyèrent un mouvement qu'ils n'avaient pas été capables de mener deux ans plus tôt, quand leurs propres retraites étaient en jeu.

La poursuite des transformations néolibérales impliquait donc pour la droite de tenir compte des exigences contradictoires des différentes composantes de sa base sociale, entre les attentes de libéralisation de l'économie portées par les indépendants et les craintes exprimées par les salariés du secteur privé, pour lesquels des altérations drastiques du modèle français dans les domaines du marché du travail et de la protection sociale mènent à une insécurité statutaire et financière accrue. Le second mandat présidentiel de Chirac a illustré la difficulté de trouver un compromis, une partie du bloc de droite exprimant son mécontentement à l'égard du prétendu « immobilisme » du président ou de son manque de « courage politique » dans l'affaire du CPE.

Le successeur de Chirac, Nicolas Sarkozy, était conscient du fait qu'un retour à la libéralisation à la Thatcher était très risqué. Il tenta de trouver un nouveau compromis entre les intérêts divergents du bloc de droite, entre demande de flexibilité et de réformes néolibérales d'une part, et demandes de protection d'autre part. La quête de médiation de Sarkozy l'a ainsi mené à suivre deux directions. La première était la promesse d'une éventuelle augmentation du pouvoir d'achat grâce à l'augmentation de l'offre de travail : « Travailler plus pour gagner plus » était l'un des slogans du candidat Sarkozy pendant la campagne présidentielle. Cela prit la forme d'une baisse des impôts portant sur les revenus issus des heures supplémentaires et d'un assouplissement de leur réglementation. Une telle stratégie avait l'avantage de vider la réforme des 35 heures d'une partie de son contenu sans pour autant l'abolir, tout en gardant et même en étendant les mesures de flexibilité de l'organisation du travail[29] qui avaient fait partie du donnant-donnant entre gouvernement et syndicats au moment de sa mise en place par le gouvernement Jospin.

La seconde direction était l'assurance que la voie suivie pour la flexibilisation du marché du travail serait une flexicurité à la française, et non une flexibilité pure et simple à l'anglo-saxonne. À ce titre, lors de son discours au Sénat le 18 septembre 2007, Sarkozy déclarait que la stratégie était guidée par deux principes : « Le premier principe consiste à remettre le travail et l'emploi au cœur de nos politiques sociales [...]. Le deuxième principe, c'est la conciliation de la mobilité et de la sécurité, pour les salariés comme pour les entreprises [...]. Plus de sécurité, pour le salarié, c'est l'assurance que la perte de son emploi ne sera plus un drame et que les épisodes de chômage, quand ils surviennent, seront brefs et sans conséquence négative sur la suite de son parcours professionnel. »

Plus concrètement, la transformation du rapport salarial selon Sarkozy s'appuyait sur deux types de réformes : a) la suppression des contrats à durée déterminée et indéterminée pour établir un contrat unique de travail, flexible, avec des indemnités de licenciement qui augmenteraient au cours du temps (flexibilité) ; b) une « sécurité sociale professionnelle » qui garantirait une indemnisation généreuse aux personnes sans emploi mais renforcerait l'obligation d'accepter les propositions d'emploi faites par le « service public de l'emploi » (sécurité).

Le compromis imaginé par Sarkozy ne fonctionna pas, et cela pour deux raisons : la proposition de contrat unique ne satisfaisait pas les demandes de flexibilité du patronat, qui souhaitait conserver les contrats atypiques et augmenter la flexibilité sur tous les contrats de travail ; elle se heurtait aussi à l'hostilité de la plupart des syndicats qui y voyaient, non sans raison, une attaque générale contre la protection attachée au contrat de travail à durée indéterminée. Sans soutien ni du côté patronal ni du côté syndical, la réforme envisagée timidement ne pouvait guère aller loin. Un autre facteur devait aussi mettre fin aux vagues projets de « flexicurité à la française » : la crise économique de 2008. La dégradation de l'activité puis des finances publiques consécutives à la crise financière et, par la suite, le choix de l'austérité ont constitué des obstacles à une éventuelle mise en place du volet « sécurité » du projet de réforme.

On constate ainsi que, depuis au moins trois décennies, la droite n'a pas de véritable stratégie de médiation entre les attentes hétérogènes présentes dans l'alliance sociale qu'elle représente. En l'absence d'une telle stratégie, elle oscille entre percées néolibérales et replis sur des positions qu'on pourrait presque qualifier de sociales-démocrates si ce terme n'avait pas perdu toute signification dans le débat politique récent. Son problème est qu'une rupture néolibérale – surtout si elle était menée par la droite – serait difficilement « tranquille »[30]. Ou elle se résout à la mener, en sachant que les coûts de la rupture seraient payés aussi par une fraction de sa propre base. Ou elle y renonce, comme elle l'a fait très largement jusqu'ici ; car, comme on le verra, les principales réformes néolibérales ont été en France conduites par des gouvernements de « gauche ». Mais, en renonçant à la rupture, la droite a alimenté la fuite de ses voix vers le Front national, dont la montée au cours des années 1980 et 1990 s'explique par la déception des attentes de la fraction « néolibérale » – qui est aussi, pour partie au moins, la plus populaire – du bloc de droite : artisans, commerçants, petits entrepreneurs.

L'éclatement du bloc de gauche

Nous reviendrons longuement sur la rupture du bloc de gauche. On peut rappeler ici que, dans les années 1970, ce bloc était principalement composé des cadres et employés du secteur public, de l'ensemble des catégories ouvrières, et des professions intellectuelles[31]. Ses chances de s'imposer étaient liées – tout comme pour le bloc de droite – à la capacité d'agréger au soutien de ces groupes celui d'une majorité des employés du privé. La médiation politique au sein de l'alliance de gauche était axée sur une protection sociale et un pouvoir d'achat grandissant pour les salariés moins qualifiés.

Mais dès le début des années 1980 émerge dans le Parti socialiste un projet de « modernisation » de la société française dont les racines sont bien plus anciennes. Ce projet, sur lequel nous reviendrons dans le prochain chapitre, rencontre le soutien d'une partie minoritaire du bloc de gauche : celle mieux éduquée et plus aisée. L'adhésion à la construction européenne est fonctionnelle à la légitimation et au renforcement d'une telle stratégie, socialement minoritaire. C'est parce que la « modernisation » de l'économie est présentée depuis trente-cinq ans par le Parti socialiste sous les couleurs des *contraintes* européennes, que la rupture du bloc de gauche s'est faite sur le thème de l'Europe. En campagne électorale, le Parti socialiste a toujours essayé d'obtenir le soutien du bloc de gauche. Or, une fois au gouvernement, il a systématiquement renoncé à une partie de son programme électoral au nom de l'Europe.

La construction européenne est le fil rouge pour comprendre le reniement des promesses électorales dès le « tournant » de 1983, jusqu'à l'acceptation des traités européens que le candidat François Hollande avait pourtant promis de renégocier[32]. Cela explique que la rupture entre les classes populaires et la gauche « de gouvernement » se soit faite sur le thème européen. L'épisode le plus éclatant de ce divorce est sans doute le référendum de 2005 sur le projet de Constitution européenne, à l'occasion duquel 76 % des ouvriers ont voté « non »[33] ; mais la rupture, avec le renoncement du Parti socialiste à représenter politiquement la partie populaire du bloc de gauche, remonte aux années 1980 : on peut en lire les traits saillants dans les choix des deuxième et troisième gouvernements Mauroy.

Après l'échec[34] de la politique expansionniste qui avait suivi la victoire de Mitterrand en 1981, l'alternative était la suivante : a) poursuivre une voie expansionniste pour contenir le chômage, accepter le risque d'une inflation élevée et sortir du Système monétaire européen, ou b) rester dans le SME, adopter une politique déflationniste pour préserver la parité du franc et accepter le chômage. La seconde option, qui fut choisie par François Mitterrand, n'était pas simplement un choix économique mais aussi un choix politique, puisque le « tournant de la rigueur » contredisait les attentes des classes populaires au sein du bloc de gauche. Cela impliquait d'accepter le risque de voir les classes populaires s'éloigner du bloc dominant et d'envisager la possibilité de nouvelles alliances, sans doute avec la fraction des classes moyennes favorable à certains aspects du programme de gauche mais réservée sur les nationalisations, la forte intervention de l'État dans l'économie ou l'alliance politique avec le Parti communiste. Le tournant économique de la politique menée en 1983-1984 – que nous analyserons dans les prochains chapitres – est donc aussi un tournant politique et le début d'une recherche d'alliance avec les groupes sociaux et les forces politiques au centre du clivage gauche/droite. La conséquence a été que certains groupes sociaux traditionnellement attachés à la gauche – ceux qui ont le plus souffert des effets de la crise économique – s'en sont progressivement détournés et ont peu à peu arrêté de la soutenir.

Tout comme les partis de droite, le Parti socialiste, conscient des risques de rupture avec sa base sociale, a tenté de trouver une voie médiane que l'on peut résumer de la façon suivante : appliquer une néolibéralisation poussée dans les domaines qui, à tort ou à raison, n'étaient pas considérés comme prioritaires pour la solidification du bloc de gauche (système financier, marché des biens et services), tout en préservant autant que possible les domaines les plus essentiels à l'existence de ce bloc : relation salariale et protection sociale. Les transformations profondes qui ont affecté le système financier et la gouvernance d'entreprise dans les années 1980 et 1990 furent ainsi plus ou moins implicitement « échangées » contre certaines extensions de la protection de l'emploi, une préservation de l'emploi public et la réduction de la durée légale du travail à 35 heures hebdomadaires.

Cette dernière réforme n'était d'ailleurs pas sans ambiguïté car la diminution de la durée légale de la semaine de travail permettait une flexibilité accrue dans l'organisation du travail. La résultante de ces transformations trouvait sa représentation idéologique dans la promotion d'un « social-libéralisme » qui n'était rien d'autre qu'une alliance contre-nature[35] de la flexibilité néolibérale et de l'État social. Sur le plan des structures économiques, le modèle de capitalisme ainsi (mal) défini se caractérisait surtout par des contradictions intenables et l'absence des complémentarités positives entre les diverses formes institutionnelles, complémentarités qui fondent la cohérence et la stabilité des divers modèles économiques[36].

Sur le plan politique, ces contradictions se manifestèrent de la façon la plus simple qui soit : la « modernisation », c'est-à-dire la néolibéralisation partielle du modèle économique et social français sous la conduite du PS, a affaibli la base sociale de la gauche en entraînant la désertion des classes populaires, tout en poussant à l'émergence d'un vote pour des partis non traditionnels, sur la droite comme sur la gauche ou, comme on l'a vu, en faisant monter l'abstention.

STRATÉGIES « RÉFORMISTES » ET CRISE POLITIQUE

La désaffection des classes populaires à l'égard des représentations politiques traditionnelles à droite comme à gauche ne trouve pas tant sa source dans un changement de valeurs culturelles que dans les conséquences des réformes économiques adoptées depuis maintenant près de quatre décennies. Prises dans leur ensemble, les classes populaires sont les plus susceptibles d'être affectées négativement par les répercussions économiques et sociales des transformations apportées au modèle économique et social français : la flexibilisation du marché du travail rend la situation professionnelle des moins qualifiés plus précaire, la baisse des prestations sociales ou plus généralement les différentes réformes de la protection sociale affectent négativement le niveau et la qualité de vie des ménages les moins favorisés, l'ouverture à la concurrence sur les marchés de biens et services menace la situation des indépendants et des petits producteurs les moins compétitifs, etc.

On peut d'ailleurs noter que l'attitude des classes populaires envers le projet de transformation néolibérale est parfois plus ambiguë qu'un accord ou un rejet en bloc. Certains groupes peuvent adhérer à des parties du projet et en rejeter d'autres : des artisans se plaindront de l'ouverture à la concurrence sur les marchés de biens et services tout en réclamant la déréglementation du marché du travail, des groupes de travailleurs relativement peu qualifiés craindront cette même déréglementation tout en appréciant certaines mesures de démantèlement de l'État social qui, espèrent-ils, n'affecteront négativement que les autres, etc.

Ces éléments rendent d'autant plus difficile la recherche d'une médiation au sein des blocs de droite ou de gauche. On l'a vu, la principale dimension sur laquelle la stratégie de la droite s'est déployée était celle de la flexibilité du travail, supposée être compensée par un surcroît de sécurité. Du côté du Parti socialiste, ce n'est que tardivement que l'option « flexicurité » a été envisagée, après 2012 : c'est plutôt autour de la question de l'intégration européenne que les tentatives de médiation se sont organisées. L'idée-force était de laisser croire qu'une réorientation du projet européen pourrait rendre compatibles les aspirations de la base sociale de la gauche et la « modernisation » du modèle français supposée résulter des contraintes issues de l'intégration européenne.

Comme on le développera dans ce qui suit, c'est une autre interprétation de l'adhésion jamais démentie du PS à « l'Europe » qu'il faut privilégier. Loin des espoirs de « l'autre Europe », la poursuite de l'intégration européenne est une solution espérée par le PS au problème de l'éclatement de sa base sociale, par un renouvellement de cette dernière autour du projet européen. L'adhésion à la construction européenne est fonctionnelle non seulement à la « modernisation » du modèle français grâce à la mise en œuvre des « réformes » prétendument « indispensables », mais aussi à une recomposition du paysage politique qui ferait sauter le clivage droite/gauche et permettrait d'agréger un nouveau bloc social.

On comprend aussi que la question des « valeurs » soulevée par Terra nova peut être lue à son tour comme fonctionnelle à ce projet. Souligner que les valeurs de la « nouvelle gauche » sont celles du cosmopolitisme et de la liberté culturelle, alors que la solidarité et l'égalité ne figurent plus dans la liste, c'est une façon d'attirer vers la « nouvelle gauche » la partie la plus éduquée et aisée du bloc de droite, favorable à l'intégration européenne et aux « réformes structurelles », et d'en exclure les classes populaires.

2

L'identité du PS au cœur de la crise

Trahison pour les uns, retour à la réalité des lois économiques pour les autres, « tournant » pour tout le monde, l'année 1983 marquerait la « conversion » au néolibéralisme d'un Parti socialiste arrivé au pouvoir deux ans plus tôt avec l'ambition de transformer profondément les structures de l'économie française en appliquant un programme économique d'inspiration keynésienne et même partiellement marxiste.

L'orientation bien différente de la politique économique qui s'est imposée deux ans après la victoire de Mitterrand, et en réalité dès 1982, n'a pourtant rien d'un changement soudain. Elle correspond à l'option préférée d'un courant important et ancien du Parti socialiste, qui a su saisir l'occasion d'une relance effectuée à contretemps, en 1981 – au moment même où les autres pays développés mettaient en place des politiques d'austérité –, et des déséquilibres qu'elle a logiquement produits (notamment dans le solde du commerce extérieur), pour disqualifier toute politique économique « de gauche ». Le tournant de la rigueur n'a donc rien d'une conversion : il correspond à un changement des équilibres internes au PS et à la victoire d'une ligne politique présente depuis longtemps au sein du parti, dont il est possible de retracer l'origine en remontant un peu dans le temps.

LES RACINES DU « TOURNANT » : NÉOLIBÉRALISME ET MODERNISME

Le libéralisme économique, comme idéologie, est entré en crise à la fin du XIXe siècle. Il est alors apparu incapable de rendre compte des évolutions du capitalisme, et il a été progressivement perçu comme l'idéologie des classes dominantes, du maintien du statu quo et de la défense acharnée des privilèges des possédants. La crise de 1929 viendra aggraver cette disqualification. L'idée, présente au sein même des milieux libéraux depuis un demi-siècle, qu'il est nécessaire de dépasser le libéralisme se diffuse avec une grande rapidité parmi les intellectuels et les élites dirigeantes[37]. Les années 1920 et 1930 furent ainsi une époque de recherche d'un renouveau idéologique, marquée par l'apparition de nouveaux projets politiques.

On distingue habituellement deux types de tentatives pour échapper aux impasses du libéralisme classique et du « laisser-faire »[38] : celle du « nouveau libéralisme », auquel sont associés les noms de Hobhouse ou de Keynes, et celle, légèrement postérieure, du néolibéralisme. Ce dernier se caractérise par un rejet du caractère naturel du marché, désormais pensé par les (néo)libéraux comme une construction sociale. La concurrence demeure le pilier fondamental d'une économie de marché, non seulement parce qu'elle garantit l'efficacité économique, mais aussi à cause de ses propriétés morales supposées[39]. La concurrence permet, en théorie bien sûr, de lutter contre les privilèges et les rentes de position : ce n'est que dans un régime concurrentiel que les plus méritants sont récompensés à leur juste mesure.

Si les néolibéraux conservent du libéralisme traditionnel l'idée que l'économie de marché est l'organisation souhaitable pour la production et l'échange, ils prennent en compte le rôle actif que doit jouer l'État dans la construction et la préservation d'un ordre concurrentiel qui n'émergerait pas si les autorités se limitaient à « laisser faire » les agents privés. La métaphore du code de la route est commune à de nombreux auteurs néolibéraux[40] : « Être [néo]libéral, ce n'est pas, comme le "manchestérien", laisser les voitures circuler dans tous les sens, suivant leur bon plaisir, d'où résulteraient des encombrements et des accidents incessants ; ce n'est pas, comme le "planiste", fixer à chaque voiture son heure de sortie et son itinéraire ; c'est imposer un code de la route tout en admettant qu'il n'est pas forcément le même au temps des transports accélérés qu'au temps des diligences. »

Ce dernier point correspond à un autre thème majeur du néolibéralisme, très présent dans le livre de Walter Lippmann, *The Good Society*[41], dont la traduction donnera lieu à un colloque qui sera le véritable lancement du néolibéralisme en France : la nécessité de s'adapter à un monde en perpétuelle évolution, en particulier technologique. Lippmann pense ainsi (en 1937) que les individus doivent être préparés, par une politique d'éducation appropriée, à se reconvertir car ils auront à changer de professions plusieurs fois dans leur vie. Cet argument ressortira fréquemment dans les débats de politique économique à quatre-vingts années de distance et sera présenté comme une nouveauté radicale rompant avec les habitudes des Trente Glorieuses.

Un autre courant, le modernisme, se développe en parallèle du néolibéralisme, en s'enracinant – comme lui – dans la critique d'un libéralisme traditionnel qu'il s'agit plus de renouveler que de combattre. Le modernisme trouve ses origines dans la perception, par les élites économiques et administratives, d'un retard économique et technologique de l'économie française par rapport à celle des pays voisins et concurrents, alliés potentiels ou ennemis. Ainsi le PIB par habitant de la France n'était-il en 1870 que de 50 % de celui du Royaume-Uni et de 83 % de celui de l'Allemagne[42]. En 1913, un certain rattrapage avait été opéré : le PIB par habitant français représentait alors 73 % de celui des États-Unis, pays qui avait dépassé le Royaume-Uni dans ce domaine dès la fin du XIXe siècle, et 93 % de celui de l'Allemagne. Mais l'entre-deux-guerres n'avait pas prolongé la tendance, au contraire. En 1938, les mêmes indicateurs étaient respectivement de 69 % et 82 %.

On comprend d'autant plus l'attrait du thème de la modernisation si on le situe dans le contexte d'une obsession française tournant autour du déclin et du retard d'adaptation, éléments qu'il faut relier à une intervention publique appréhendée alternativement voire simultanément comme la cause du problème et comme une possible solution. Cette obsession est très ancienne, mais elle est toujours présente dans le débat politique contemporain.

Si la centralité politique du thème du déclin émerge bien avant, l'historien américain Richard Kuisel[43] estime que les origines du modernisme remontent à l'entre-deux-guerres : les premières tentatives de l'imposer comme ligne directrice de la politique économique datent des années 1930. Les difficultés de l'appareil productif français à soutenir l'effort de guerre au moment du premier conflit mondial ont conduit à une réflexion qui aura un poids important sur les contours idéologiques du modernisme. Pendant le conflit, l'intervention de l'État apparut comme nécessaire pour organiser la production nationale et les approvisionnements à l'étranger, les firmes privées étant considérées comme incapables de faire face aux exigences d'une économie de guerre. Cette situation mit en évidence la pertinence de critiques relatives à l'inefficacité du laisser-faire qui s'étaient exprimées pendant la « crise du libéralisme ». Pour les modernistes qui critiquaient le « capitalisme individualiste », le laisser-faire conduisait à une situation anarchique qui freinait le progrès, d'autant plus que ce libéralisme idéologiquement hostile à l'intervention de l'État s'accommodait très bien des protections qui mettaient les producteurs à l'abri de la concurrence internationale. De plus, l'expérience du premier conflit mondial – pendant lequel les syndicats avaient été associés à l'effort de guerre – montrait tout l'intérêt qu'une trêve sociale pouvait avoir pour les progrès de productivité. Là aussi, le laisser-faire, avec sa négligence active de la question sociale, n'était pas à la hauteur des enjeux.

Les ingénieurs (en provenance notamment de l'École polytechnique) et les industriels, qui allaient former le cœur des divers mouvements se rattachant au modernisme avant la Seconde Guerre mondiale, imaginaient volontiers la transposition des principes rationalistes de gestion de la firme à l'administration de l'économie dans son ensemble. Le néocapitalisme[44], par exemple, regroupait des industriels partisans d'une diffusion de l'organisation scientifique du travail et des méthodes modernes de management, opposés à l'archaïsme du patronat français traditionnel. On retrouvait aussi la volonté d'appliquer les méthodes rationnelles de gestion des firmes privées dans le secteur public. Les différents mouvements (le Redressement français avec Ernest Mercier, la revue des *Nouveaux Cahiers* d'Auguste Detœuf, le Groupe X-Crise avec Jean Coutrot…) avaient en commun un élément important. La modernisation de l'économie n'était considérée possible qu'en présence d'un État actif, seul acteur capable d'une vision à long terme, mais dont le rôle devait être défini et conçu en partenariat avec l'initiative privée. D'une part, les pouvoirs de l'administration technocratique, indispensables pour organiser et donner une orientation aux initiatives privées, devaient être renforcés. D'autre part, il n'était guère question de laisser les attentes des électeurs et les demandes de protection d'intérêts *particuliers* conditionner trop directement la stratégie de développement : les pouvoirs du Parlement devaient donc être réduits.

La perspective était ainsi celle d'une élite technocratique compétente en charge de l'intérêt général, compris comme la modernisation des techniques, la diffusion de méthodes de gestion rationnelles et plus généralement comme un renouveau des structures économiques. La rationalisation de l'appareil productif devait permettre d'élever le niveau de vie et de répondre ainsi à la question sociale, que le libéralisme avait, à tort, négligée. Les progrès de la production bénéficieraient de façon prioritaire aux classes les plus pauvres, ce qui devait contribuer à détourner les masses laborieuses de la tentation révolutionnaire. Le projet moderniste était donc à la fois une transition vers un capitalisme éclairé surmontant les insuffisances du laisser-faire, et un rempart contre les tentations socialistes voire communistes d'une classe ouvrière dont on satisferait les besoins « bien compris » par une augmentation progressive et « raisonnable » du niveau de vie.

L'idéal technocratique des modernistes ne les empêcha pas de louer le dialogue social, qui était cependant conçu non pas comme la recherche d'un compromis entre intérêts divergents, mais comme un passage nécessaire pour surmonter les positionnements « idéologiques » et permettre l'acceptation unanime de la stratégie correspondant à l'intérêt général. Le dialogue social prôné par les modernistes était censé contribuer à la conversion des masses laborieuses à la religion de l'efficacité et d'un progrès lié aux nouvelles méthodes de management et aux nouvelles techniques de production, dont les fruits – c'était l'une des promesses du modernisme – auraient été largement partagés.

Modernisme et néolibéralisme partagent ainsi des éléments communs significatifs. Ils se fondent sur la volonté de renouveler le libéralisme en critiquant le laisser-faire traditionnel et en dépassant l'opposition entre le marché et l'État. Les deux courants se différencient sur l'objectif de l'intervention publique : l'amélioration des structures économiques dans une optique de long terme pour les modernistes, la préservation de l'organisation concurrentielle des marchés pour les néolibéraux. Les modernistes et les néolibéraux partagent une même défiance envers les mécanismes politiques démocratiques, car ceux-ci conduiraient à porter une trop grande attention aux attentes de court terme (modernistes) ou aux demandes d'atténuation de la concurrence de la part de groupes d'intérêts spécifiques (néolibéraux). L'élitisme est un élément dominant dans les deux mouvements. Les modernistes pensent que la compétence technique donne seule la légitimité à prendre des décisions ; les néolibéraux voient dans la concurrence le mécanisme qui permettra de substituer aux « inégalités extrinsèques » dues aux privilèges les « supériorités intrinsèques » des capacités individuelles[45].

De plus, modernistes et néolibéraux s'opposent aux mouvements proposant, ne serait-ce que comme horizon idéal et éloigné, la sortie du capitalisme. Ils partagent ainsi non seulement le sentiment anticommuniste, mais aussi l'opposition au socialisme et à tout courant politique qui compterait le marxisme parmi ses références théoriques. Plus simplement, on retrouve souvent les mêmes individus impliqués dans les cercles modernistes et dans les débuts du néolibéralisme. Par exemple, les modernistes Auguste Detœuf et Louis Marlio figurent parmi les participants au colloque autour de l'ouvrage de Walter Lippmann, qui lance le néolibéralisme en France ; Jacques Branger (Groupe X-Crise), autre moderniste, considérait que l'alternative à l'économie dirigée et au laisser-faire manchestérien pourrait s'appeler « néolibéralisme »[46].

Le modernisme eut un impact relativement limité dans la définition des politiques économiques avant la Seconde Guerre mondiale. On retrouva l'inspiration moderniste pendant la guerre, à la fois à Vichy et dans le gouvernement provisoire à Londres[47]. Mais la grande période moderniste pour l'économie française correspond à l'après-guerre : son importance dans la définition des orientations de politique économique en France est bien connue.

Le modernisme a eu un impact sur la structuration de l'offre politique aussi bien à droite qu'à gauche ; si sa figure politique principale est Pierre Mendès France, c'est surtout avec la Ve République qu'arrivera « l'ère des modernistes[48] ». Le dirigisme de la période gaulliste est bien ce que Kuisel appelle un « ordre néolibéral[49] ». Le terme de « dirigisme » lui-même est ambigu, pouvant correspondre aussi bien à la vision d'une économie sous les ordres d'un directeur qu'à une économie à laquelle on indique une direction. Cette dernière option est celle qui correspond le plus à la réalité de ce que fut la conduite de la politique économique du temps de la planification indicative, une planification qui, selon le mot de Jean Fourastié qui n'est pas sans rappeler la métaphore du code de la route du néolibéralisme, fonctionne comme une carte routière indiquant les itinéraires sans obliger à en choisir un en particulier[50].

On retrouve, dans l'idéologie moderniste de l'après-guerre[51], des éléments qui étaient déjà présents dans l'avant-guerre, notamment l'idéal d'une technocratie éclairée dont la légitimité en matière de choix économiques structurants est supposée être supérieure à celle des acteurs politiques. La vision de l'Europe comme facteur de modernisation, et de la concurrence internationale comme élément qui va dynamiser le tissu productif, est aussi pour partie l'héritage de positions comme celles des *Nouveaux Cahiers* et du Redressement français, qui dans l'entre-deux-guerres soutenaient un projet d'unité européenne sur des bases économiques afin de rationaliser la production à l'échelle du continent et, accessoirement, de faire rempart contre l'URSS.

La continuité entre modernistes d'avant et d'après-guerre est totale sur le rejet des « extrêmes ». Par exemple, le Redressement français d'Ernest Mercier appelait de ses vœux un gouvernement républicain stable qui comprendrait l'ensemble des forces politiques sauf le PCF, la SFIO et l'extrême droite ; et on peut aussi rappeler que Mendès France refusa de compter les voix communistes lors de son investiture à la présidence du Conseil en 1954. L'opposition au libéralisme traditionnel, condamné pour son « malthusianisme », la méfiance envers les mouvements sociaux combinée à l'importance donnée au « dialogue social », la perspective d'un développement capitaliste guidé par une technocratie éclairée sont autant d'éléments qui ont fondé l'engagement d'une partie des modernistes pour une refondation de la gauche, et des syndicats, sur des bases nouvelles et antimarxistes/communistes.

Le modernisme est aussi l'idéologie qui sert de pont entre la gauche « non communiste » et la droite, en particulier pour Jacques Delors, membre du cabinet du Premier ministre Chaban-Delmas en 1969, ministre de l'Économie et des Finances de François Mitterrand entre 1981 et 1984, et président de la Commission européenne au moment de l'accomplissement du « grand marché », de la libéralisation financière et du lancement de l'unification monétaire, processus qui devait conduire à la monnaie unique, l'euro. Son projet politique amalgame les thèmes classiques du modernisme : le rejet des « extrêmes » – ce qui, pour la « gauche du gouvernement », signifiera à terme un refus du compromis avec les partis à la gauche d'un PS qui dérivera de plus en plus vers la droite –, la valorisation de la « compétence » en économie, qui se traduira par une adhésion aux dogmes économiques néolibéraux, la volonté de privilégier le « dialogue social » aux dépens de la législation contraignante, etc. De Mendès France à

Macron en passant par Delors, le modernisme de la gauche « de gouvernement » a constamment dégénéré, perdant les préoccupations sociales qu'il pouvait avoir à l'origine pour ne conserver que les éléments qu'il possédait en commun avec le néolibéralisme.

La « deuxième gauche » est l'héritière naturelle de l'expérience moderniste : décentralisatrice, autogestionnaire, élitiste, elle s'alliera avec une gauche de tradition dirigiste et marxiste au sein du Parti socialiste, en engageant un combat qui se terminera par son écrasante victoire.

LA VICTOIRE IDÉOLOGIQUE DE LA DEUXIÈME GAUCHE

Héritière de l'expérience moderniste, une « deuxième gauche » a toujours été présente au sein du Parti socialiste, depuis la création de celui-ci, en 1971. Elle privilégiait le contrat et la négociation à l'intervention par la loi ; hostile aux nationalisations, elle refusait la référence marxiste et rejetait l'engagement direct de l'État dans l'économie ; porteuse d'une vision très critique de la souveraineté nationale, elle était pour une Europe fédérale ; ses alliés naturels étaient les centristes plutôt que le Parti communiste. Mais les institutions de la Ve République et la structuration de l'offre politique qu'elle a entraînée ont rendu cette alliance impossible.

La deuxième gauche resta très longtemps minoritaire, mais non marginale, au sein du PS. En 1979, au congrès de Metz, Michel Rocard, son chef de file, prônait ouvertement le « réalisme économique », la centralité des entreprises et la nécessité de les soutenir : « La pensée libérale est en crise [...] mais la pensée socialiste l'est aussi, parce qu'elle n'ose pas assumer l'exigence inverse : reconnaître que l'acte de produire a besoin de motivations autres que la contrainte. Une planification centralisée et rigide ne saurait nous suffire. » Sa motion ne recueillit que 20,4 % des suffrages, mais la motion de Pierre Mauroy, très proche de celle de la deuxième gauche sur le plan économique, obtint 13,6 % des voix[52]. Donc, en 1979, au moins un tiers des adhérents du PS étaient sur une ligne de politique économique qui était loin d'être hostile à l'« économie de marché » et au prétendu « réalisme économique ».

Les rapports de force évoluèrent après la prise de pouvoir, au début des années 1980. Le tournant de 1983 dans les politiques socialistes correspond aussi à la victoire idéologique de la deuxième gauche au sein du parti, au moins en ce qui concerne la prééminence du « réalisme économique ». Ainsi, le discours de politique générale du Premier ministre Laurent Fabius prononcé à l'Assemblée nationale le 24 juillet 1984 était-il fortement inspiré par les thématiques de la deuxième gauche, et quasiment un hymne au modernisme[53]. « Moderniser et rassembler : telles sont les priorités du gouvernement que je conduis », commence Fabius, qui continue : « La bataille pour l'emploi ne peut être conduite que d'une façon farouche mais elle ne peut être livrée que sur la base d'une économie moderne. Ma démarche est celle-ci : toute amélioration réelle de l'emploi passe par une certaine croissance ; toute croissance durable suppose un appareil de production solide, capable d'exporter et de défendre ses positions sur le marché intérieur ; tout appareil de production solide requiert d'être moderne pour soutenir la concurrence. C'est parce que l'économie française n'était pas suffisamment modernisée en 1974 que mon prédécesseur M. Chirac a échoué dans sa tentative de relance en 1975. Parce que, sept ans plus tard, notre économie n'était toujours pas assez modernisée, nous avons dû arrêter la relance et dévaluer. Le combat contre le chômage sera sans doute long et difficile car la modernisation – il faut avoir l'honnêteté de le dire – peut coûter des emplois avant d'en créer ; [...] refuser de moderniser coûterait, faute de compétitivité, plus cher que tout en emplois. »

Puisque l'alternative est, de nouveau, « modernisation ou déclin[54] », Fabius indique que « trois actions fondamentales détermineront l'avenir de notre économie [...]. Recherche, formation, investissement. Cela vaut pour l'industrie, pour l'agriculture, pour la pêche, pour l'artisanat ou pour le commerce. Cela vaut en métropole comme outre-mer. C'est le triangle de base de la modernisation ». La position moderniste est également et pleinement assumée en ce qui concerne le dialogue social : « L'efficacité économique est inséparable du dialogue social ; [...] je souhaite que les partenaires sociaux conduisent au niveau national, mais aussi dans les entreprises, une réflexion commune sur les conditions dans lesquelles le progrès social peut contribuer à la compétitivité de nos entreprises et à la croissance. »

C'est sur le rôle de l'État et sur la centralité de l'entreprise qu'on mesure pleinement la victoire de la deuxième gauche et la rupture avec la référence marxiste qui avait été présente au sein du PS pendant les années précédentes : « Il n'y aura pas de modernisation économique réussie sans modernisation concomitante des rapports sociaux ; mais celle-ci ne se décrète pas. Dès lors, quel rôle pour l'État ? Quelle place pour l'entreprise ? Quel contenu pour la politique contractuelle ? » s'interroge Fabius devant l'Assemblée, et ses réponses sont on ne peut plus claires : « Le rôle de l'État est non pas d'imposer ce dont le pays ne veut pas, ni d'empêcher ce à quoi il aspire, mais de rendre possible ce qui est nécessaire. [...] C'est sur les entreprises que repose, pour l'essentiel, la responsabilité de la modernisation. Elles doivent donc bénéficier du soutien de l'ensemble du pays. J'ai toujours pensé que c'était la gauche qui était la mieux placée pour réconcilier l'entreprise et la nation. [...] Faisons donc clairement confiance à la capacité des entreprises [...]. Faisons confiance aux personnels, à tous les niveaux de la hiérarchie, qui sont la réalité même de l'entreprise. Ce sont eux, dans leur diversité, dans leur collectivité, qui feront le succès ou l'échec du développement de notre économie. Ici, comme ailleurs, la réussite devra être reconnue et récompensée. »

Quelques mois plus tard, la nécessité pour les socialistes de « se moderniser » – ce qui supposait « néanmoins de tordre le cou à quelques tabous préhistoriques » – était réaffirmée dans une tribune du *Monde* signée par quatre jeunes membres du PS, parmi lesquels un certain... François Hollande. « La conception dogmatique de la classe ouvrière, l'idée que le lieu du travail pourrait être aussi un espace de liberté, la notion d'appartenance des individus à des groupes sociaux solidaires, l'affirmation d'un programme politique atemporel, tout cela doit être abandonné », écrivent Hollande et ses coauteurs. « Le parti socialiste est sans doute le premier parti ouvrier du pays, mais son ambition ne doit-elle pas d'être aussi le parti de toute la société ? Aussi doit-il s'adresser aux individus tout autant qu'aux groupes, en appelant au réel bien plus qu'aux mythes, adopter une démarche modeste, c'est-à-dire non pas pauvre, mais adaptée aux temps qui viennent. » Et de continuer : « L'État, loin d'être absent, détient un rôle fondamental. Il doit parfaire l'efficacité de ses interventions pour que "ça marche" et qu'ainsi soit réduite l'angoisse croissante des Français. [...] Il doit aussi, dans cette période d'incertitude, où l'envie de comprendre est évidente, anticiper, prévoir, annoncer les évolutions, bref devenir un "État éclaireur". »

Il faut reconnaître à cette tribune d'avoir une large avance sur la proposition d'une gauche des valeurs formulée presque trente ans plus tard par Terra nova[55]. « La gauche, écrivait Hollande en 1984, n'est pas un projet économique, mais un système de valeurs. Elle n'est pas une façon de produire, mais une manière d'être. Aussi est-elle moderne dès lors qu'elle est elle-même : c'est-à-dire d'abord démocratique. [...] La démocratie, nécessaire mariage entre l'égalité des droits et des chances et la liberté, notamment celle d'être différent, est le seul moyen d'assumer convenablement la mutation technologique. » La survie de la gauche « dépendra de sa capacité à se "restructurer" d'abord elle-même pour faire accepter la modernisation de la société dans son ensemble »[56].

En l'espace de quelques années, on sera ainsi passé de Mitterrand qui, avant la prise de pouvoir, déclarait que le choix était entre capitalisme et socialisme[57], et jugeait lors du congrès d'Épinay qu'on ne pouvait être membre du PS que si on acceptait la « rupture » avec la société capitaliste, à Fabius, pour qui la gauche se devait de réconcilier l'entreprise et la nation, et au jeune Hollande militant pour abandonner l'idée que le lieu du travail puisse devenir aussi un espace de liberté, et que la gauche s'identifie à un projet économique.

La ligne moderniste ne sera jamais plus véritablement remise en cause par le PS. D'ailleurs, à la fin du second mandat de Mitterrand, le parti avait envisagé la candidature à la présidentielle de 1995 d'une figure majeure de la ligne « réformiste » au sein du PS, Jacques Delors, dont on soulignera au passage le rôle déterminant dans l'ancrage de la pensée moderniste au sein du parti. Membre du Club Jean-Moulin[58] dans les années 1960, il participa en 1969 au cabinet du Premier ministre moderniste Jacques Chaban-Delmas, sous la présidence Pompidou, puis devint ministre de l'Économie et des Finances des premiers gouvernements de la gauche après 1981 et présida la commission européenne jusqu'en 1995. Partisan décidé du prétendu « réalisme économique », il avait appelé à une « pause » – nous y reviendrons dans le prochain chapitre – dans les réformes (de gauche) dès novembre 1981. Entre deux postes (ministre et président de la commission), il publiait en 1985 un livre coécrit avec le journaliste Philippe Alexandre, *En sortir ou pas*, qui était une critique virulente de la politique économique de l'Union de la gauche, une défense de la « rigueur » et un appel à trouver une alliance politique unissant « les sages de tous les camps » pour soutenir la politique économique qu'il appelait de ses vœux : la réhabilitation « du marché, de l'entreprise, du profit et des patrons » car « une société progresse aussi par ses inégalités[59] ».

PHILIPPE ALEXANDRE ET JACQUES DELORS, *EN SORTIR OU PAS*, PARIS, BERNARD GRASSET, 1985. MORCEAUX CHOISIS

« Tous les pays sont engagés de gré ou de force dans une bataille économique joyeuse et sauvage. Mais la France, elle hésite et frissonne : elle n'est pas disposée à admettre que le monde lui dicte sa loi par le biais de l'économie » (p. 19).
« C'est seulement sous le gouvernement Barre et, davantage encore, à partir de 1982, que les Français ont commencé à saisir la réalité, à comprendre que leur destin se jouait en dehors de leurs frontières, en Europe d'abord et dans le monde. Malheureusement, il subsiste encore jusque dans les esprits éclairés cette idée archaïque que la France peut s'en sortir seule [...]. Arrivant au pouvoir en 1981, la gauche, pour une large part, a été victime de cette illusion : [...] emprunter un autre chemin et refuser de suivre nos voisins européens » (p. 21).
« Les Français [...] se déclarent persuadés qu'il n'existe point de recette miraculeuse à la crise [...]. Ce scepticisme plein de bon sens se traduit par le souhait de voir les sages de tous les camps se rassembler et rassembler toutes les couches et catégories de la société dans l'effort » (p. 27-28).

« Défigurée par [le] vide centriste, la représentation politique de la France l'est encore par l'influence exorbitante qu'exercent, sur la gauche et la droite, les extrémistes : le communisme, le populisme » (p. 33).

« [L]es communistes [...] ont imprégné les socialistes d'une influence qui laissera des traces : ils leur ont fait partager, du moins à nombre d'entre eux prédisposés par un attachement religieux au marxisme, leur vision de la société française, leur refus de considérer la crise dans sa dimension planétaire, leur aversion pour la rigueur » (p. 33-34).

« La crise a produit un miracle : la gestion de l'économie oblige les prophètes du libéralisme sauvage et du socialisme exemplaire à une certaine retenue. Les contraintes du marché [...] ont poussé les polémistes à s'incliner devant les sages. Un fil a été renoué avec les entreprises désormais considérées par tous comme les meneurs de la marche forcée vers le futur [...] Nul [...] n'est plus traité de "produit aberrant de la bourgeoisie" lorsqu'il prononce l'éloge du profit. Mais le compromis économique n'a pas trouvé sa traduction dans les domaines politique et social » (p. 34).

« [L]a rupture avec le capitalisme est un mythe porté à bout de bras par les socialistes français depuis leur naissance » (p. 47).

« [C]'est la gauche au pouvoir, au prix d'une stupéfiante et cruelle révolution, qui rétablira les profits des sociétés et fera comprendre aux Français que l'entreprise doit prospérer et disposer de marges bénéficiaires pour investir, pour entreprendre, pour créer du travail [...]. Restera à la droite [...] à faire bon usage de cet apprentissage, accompli par les Français, des réalités économiques » (p. 48).

« La protection que nos sociétés ont prodiguée à nos citoyens aura eu pour premier résultat de les affaiblir » (p. 55).

« Lourd, rigide, démesuré, le système de protection sociale est constamment complété et compliqué : il organise les abus [...]. L'indemnisation du chômage, en France comme dans tous les pays européens, ne constitue rien de moins qu'une puissante incitation à ne pas travailler » (p. 56).

« [N]os pays pourraient regretter un jour de s'être chargés d'une sécurité sociale aussi coûteuse. Ce jour-là est venu » (p. 57-58).

« [V]érité accablante : s'en remettre exclusivement à l'État pour assurer les devoirs qui incombent à chacun de nous, substituer à la solidarité individuelle la solidarité nationale, ce n'est pas un signe de progrès » (p. 59).
« La plupart des malades préféreraient sans doute être moins examinés et analysés mais plus entourés et aimés » (p. 59).
« Il faudra bien en finir avec ce tabou de la protection sociale absolue et égale pour tous » (p. 61).
« [U]ne société progresse aussi grâce à ses inégalités » (p. 64).
« [Le Français] est arraché à ses illusions par des réalités aussi souveraines et immuables que les étoiles dans la nuit : le marché, l'entreprise, le risque facteur de réussite, la compétition internationale [...], à laquelle on n'échappe pas » (p. 69).
« Aucun ne peut se soustraire à la dure loi de la concurrence » (p. 69).
« Désormais, le capital est moins imposé en France que le travail. Grâce à la gauche. Aberrant s'écriaient certains au parti communiste et aussi au PS » (p. 80).
« L'histoire dira qui, des utopistes d'avant 1981 ou des réalistes de 1982 et 1983, est responsable de cette soudaine crise de confiance de la gauche » (p. 84).
« Aux États-Unis, Reagan a eu toutes les peines du monde à amorcer une "dérégulation", à desserrer le carcan de règlements et de textes administratifs qui paralysaient l'économie » (p. 90).
« Le fonctionnement du marché financier a été tellement favorisé [depuis 1982] que les communistes accusent les socialistes d'avoir enrichi les possédants [...]. Mais quoi ! Puisque la gauche se trouvait obligée de restaurer l'investissement et l'épargne » (p. 118).
« [T]ous les Français devront se convertir d'urgence à l'esprit de marché » (p. 123).
« La gauche en France a bien payé de sa personne, en s'efforçant, à partir de 1982, de réhabiliter le marché, l'entreprise et les patrons, en donnant vie à l'épargne boursière, en livrant la chasse au mythe de l'anticapitalisme » (p. 125).
« Le compromis historique a pour but de ménager des alternances en douceur [...]. Il vise à rassembler tous les acteurs politiques qui ne pratiquent ni la langue de bois ni l'esprit de chapelle : les

uns iront au gouvernement, les autres formeront une opposition constructive – mais les uns et les autres ne se considéreront pas comme des renégats lorsqu'il leur arrivera d'exprimer des idées voisines ou identiques» (p. 212).

Delors refusa la candidature à l'élection présidentielle malgré des sondages très favorables, en partie pour des raisons personnelles mais aussi pour des raisons politiques qu'il est intéressant de rappeler, car elles expliquent en partie les difficultés de la présidence Hollande[60]. Pour Delors, la question décisive était de savoir si une fois élu, il aurait eu « la possibilité et les moyens politiques de mener à bien [les] réformes indispensables ». Des réformes qui allaient justement dans les sens de la prétendue « modernisation » de l'économie française et de l'approfondissement de la construction européenne. Voici sa conclusion : « L'absence d'une majorité pour soutenir une telle politique quelles que soient les mesures prises après l'élection ne me permettrait pas de mettre mes solutions en œuvre[61]. »

Delors considérait, en 1994, que la structuration de l'offre politique était incompatible avec sa stratégie. Le Parti socialiste et ses alliés étaient soutenus par un bloc social en partie différent de celui qui correspondait à ses objectifs. Delors aurait pu gagner l'élection en s'appuyant sur le bloc de gauche, mais une fois élu, faute de majorité politique et sociale pour les soutenir, il aurait dû renoncer à des réformes qu'il estimait pourtant « indispensables ». Il exprimait ainsi le regret de l'absence d'une alliance sociale et politique différente de celle que le PS avait formée dans les décennies précédentes. Son action de gouvernement aurait été victime du décalage entre les objectifs économiques (et idéologiques) du PS et les attentes de la base électorales de la gauche : un décalage sur lequel nous reviendrons dans le prochain chapitre.

Si on élargit le regard au-delà des frontières françaises, on constate qu'au cours des années 1990 les thèmes qui caractérisent la deuxième gauche étaient devenus dominants dans une grande partie de la social-démocratie européenne. En Europe la gauche antimarxiste, qui voyait dans l'entreprise non pas le cœur du conflit social mais le moteur du progrès économique, ne portait pas le nom de « deuxième gauche », mais plutôt celui de « troisième voie », voire de « nouveau centre ». Le projet majeur de la troisième voie était de modifier en profondeur les formes de l'intervention de l'État dans l'économie. Ainsi, pour Anthony Giddens[62] – le théoricien le plus connu de la troisième voie – il fallait abandonner la vision d'un État providence tourné vers l'égalité, qui était celle de nombreux socialistes[63]. L'« effondrement des ambitions historiques du socialisme » devait conduire à transformer le *welfare state* traditionnel en un *positive welfare* qui amènerait l'individu à construire une « confiance en soi » lui permettant de transformer les « menaces potentielles » en « défis gratifiants ». Il ne s'agissait plus de protéger contre les risques sociaux, mais de les faire ressentir positivement, comme des « défis actifs » ; de même, il n'était plus question de « transferts directs de richesse » vers les plus démunis, mais d'accroître leurs « possibilités d'emploi »[64].

Pour Giddens et la troisième voie, les changements sociaux qui ont marqué l'évolution du capitalisme au cours des trente dernières années rendraient obsolète le traditionnel clivage droite/gauche fondé sur l'intervention de l'État dans l'économie (dont nous montrerons qu'il est pourtant toujours d'actualité dans la différenciation des attentes des électeurs français) : « Nous vivons désormais dans une économie largement dominée par des industries du savoir et les industries de service, qui ont formé des nouveaux groupes sociaux, très différents d'hier. Nous vivons aujourd'hui dans une société très différente d'il y a trente ans, composée de classes nouvelles, comme les *white workers*, ces nouveaux "cols blancs" qui ne sont ni employés de bureau, ni travailleurs manuels, et passent leur journée à exercer un savoir-faire sur leurs ordinateurs. Ces employés se rapprochent de la classe moyenne, ils ne possèdent pas une "conscience de classe", ils changent de métier au cours de leur vie, se spécialisent, descendent et montent dans l'échelle sociale. Ils ne se retrouvent pas dans les débats gauche-droite d'hier. Ils pensent selon d'autres critères, plus individuels, plus intéressés à la modernité, à l'amélioration du style de vie, à la démocratisation de questions de société, à la sécurité, l'urbanisme, l'immigration, l'écologie par exemple[65]. »

Cette vision politique, qui considère qu'une classe ouvrière déclinante ne doit plus être le référent social principal de la gauche, s'est très largement répandue au sein de la social-démocratie européenne au cours des années 1990. C'est la vision prônée, comme on l'a vu, par Terra nova en 2011, mais c'était déjà celle des modernistes des années 1930, de la deuxième gauche rocardienne dans les années 1970, du Parti socialiste français à partir du début des années 1980 et aussi celle du jeune Hollande dès 1984.

Il restait cependant, jusqu'en 2012, une exception française. Contrairement à ce qui se passait dans nombre de pays européens, où la gauche social-démocrate a gouverné contre l'opposition d'une gauche radicale et parfois en alliance avec des partis centristes (voire de droite), le Parti socialiste français renouvelait son alliance avec le Parti communiste. La présidence Hollande a mis fin à cette exception. À partir de 2012 et pour la première fois sous la Ve République, le PS a gouverné contre l'opposition d'une partie de la gauche parlementaire. On peut lire dans ce changement l'alignement du PS à la social-démocratie européenne, et aussi une mise en cohérence entre la ligne politique dominante dans le parti depuis plus de trente ans et le choix de ses alliés.

On verra cependant que la trajectoire du PS, qui correspond pleinement à l'idéologie dominante parmi ses cadres dirigeants, pose des problèmes majeurs par rapport aux attentes de l'électorat « de gauche ». Des attentes que la question européenne a cependant contribué à fragmenter, en rendant une médiation politique entre les électeurs de l'ancien bloc de gauche bien difficile à identifier.

LE PROJET EUROPÉEN AU SERVICE DU TOURNANT SOCIO-LIBÉRAL

Les contradictions entre la construction européenne et l'unité du bloc de gauche ont une histoire ancienne. Dès l'arrivée de la gauche au pouvoir, en 1981, il a été clair que les deux objectifs – la participation au processus européen d'intégration économique et politique, et l'unité du bloc social bâti autour des classes populaires et des salariés du secteur public – étaient susceptibles de se révéler politiquement inconciliables, en particulier, mais pas seulement, à chaque phase de ralentissement de l'activité.

Comme on le verra dans le chapitre suivant, c'est François Mitterrand, le stratège de l'Union de la gauche, qui se retrouva confronté le premier à ce problème, et cela peu de temps après son accession au pouvoir. D'une part, il s'agissait de respecter les engagements de campagne, notamment en revalorisant le pouvoir d'achat de la fraction la plus pauvre du salariat. La valeur politique du respect du programme électoral était toute particulière : il faut rappeler que la convergence des partis communiste et socialiste sur des mesures partagées avait demandé presque dix années de négociations tendues, marquées par la méfiance des dirigeants communistes envers un PS considéré comme peu fiable. D'autre part, la construction monétaire européenne, qui se traduisait à l'époque dans le SME, s'appuyait sur une discipline budgétaire rigoureuse. Comme le rappelle François Stasse, conseiller économique du président Mitterrand de 1981 à 1984, « nous étions tenus à une certaine discipline de nos comptes publics, et nos partenaires ne manquaient pas de nous le faire observer, parfois avec vigueur. Cette rude franchise était normale puisque le principe même du SME était que, lorsqu'un des membres était en difficulté, les autres venaient à son secours en lui prêtant l'argent dont il avait besoin pour financer ses déficits[66] ».

Mitterrand se retrouva ainsi dans l'obligation de choisir : maintenir l'ancrage européen et modifier en profondeur son programme économique, ce qui impliquait de décevoir les attentes d'une fraction importante de la base sociale sur laquelle il avait fondé sa victoire ; ou privilégier l'unité du bloc de gauche en se résignant à ce que le franc sorte du SME.

Il est intéressant de noter que, si l'on en croit plusieurs témoins de l'époque, Mitterrand ne donna pas énormément de poids aux arguments économiques de ses conseillers : ni de ceux qui prônaient le tournant de la rigueur qui a ensuite été négocié, ni de ceux qui vantaient les bienfaits d'une « autre politique ». Pour Mitterrand, il s'agissait beaucoup moins d'identifier la solution économiquement la plus « efficace » que de choisir entre deux objectifs politiques : l'unité de la gauche et le renouveau de l'alliance avec les communistes, ou la solidarité franco-allemande qu'il jugeait essentielle notamment face à la menace soviétique. En même temps, nous l'avons rappelé plus haut, le ministre de l'Économie était Jacques Delors, fervent supporteur de la construction européenne et culturellement proche d'une deuxième gauche qui – en mettant l'accent sur le compromis et la négociation plus que sur le conflit social – n'avait jamais vu dans le Parti communiste son allié privilégié. C'est d'ailleurs le même Delors qui, après avoir mené la politique de relance et de nationalisations pendant l'éphémère « état de grâce » qui suivit la victoire de 1981, se chargea de mettre en œuvre la politique de restriction budgétaire, de lutte contre l'inflation et de renforcement du franc décidée lors du « tournant » de 1983 ; et cela avant de devenir, en janvier 1985, président d'une Commission européenne qu'il dirigea pendant dix ans, période pendant laquelle l'intégration européenne prit un tournant résolument néolibéral[67].

Le choix *politique* fut de ne pas remettre en question la construction européenne, et le Parti communiste paya par de lourdes pertes de soutien électoral la participation à des gouvernements dont l'action ne correspondait ni aux attentes de ses électeurs ni aux annonces de campagne. Crédité de 16,1 % lors des législatives de 1981 (un score déjà jugé décevant par ses dirigeants), le PCF tomba à 11,2 % aux européennes de 1984, puis 9,8 % aux législatives de 1986 et 7,7 % aux européennes de 1989.

L'histoire des négociations entre socialistes et communistes au cours des années 1970 éclaire le choix de Mitterrand. Le leader socialiste fit preuve tout au long de la décennie d'une grande souplesse sur l'ensemble des thèmes économiques (nationalisations, planification démocratique, prise en compte des équilibres macroéconomiques) et sur ses références idéologiques : marxiste, « keynésiano-mendésiste », « régulationniste-keynésienne »[68]. C'est l'objectif politique de l'accord avec le PCF, nécessaire en vue de la conquête du pouvoir, qui primait et qui déterminait la construction des majorités au sein du PS. Cependant, dès les premiers contacts entre les deux partis, il fut clair que sur la question européenne le PS n'était pas prêt à négocier[69].

Comme le rappelle Mathieu Fulla, dès 1969 « les communistes réaffirment leur opposition à la supranationalité.

L'élargissement du grand marché risque selon eux d'enfoncer la "petite Europe dans la sujétion au Pacte atlantique". Les socialistes répliquent en affirmant leur soutien inébranlable à la poursuite de l'intégration européenne, tout en reconnaissant que la forme prise par le Marché commun ne leur convient pas[70] ». La position socialiste ne souffrait pas d'ambiguïtés. Sur les nationalisations comme sur les autres thèmes économiques, les marges pour un accord avec le PCF pouvaient toujours être identifiées, même au prix de retournements doctrinaires assez spectaculaires ; mais pas sur l'Europe[71].

Le choix de 1983 était donc inscrit dans la trajectoire socialiste. De façon tout à fait cohérente avec ses positions précédentes, une fois au pouvoir, Mitterrand se montra d'une grande souplesse sur les questions de politique économique, au point de pouvoir négocier sans états d'âme le tournant de la rigueur ; alors que la poursuite de la construction européenne demeurait un objectif prioritaire. D'ailleurs, Mitterrand avait en toute probabilité anticipé la nécessité de ce tournant dès sa prise du pouvoir, en 1981 : « La rhétorique volontariste dont usent François Mitterrand et Pierre Mauroy, lors de leur entrée en fonction, ne s'accompagne pas d'une invasion du Cérès [Centre d'études, de recherches et d'éducation socialiste] dans les cabinets ministériels associés à l'élaboration de la politique économique. Bien au contraire, le chef de l'État fait très tôt courir le bruit dans Paris et dans les capitales européennes de la nomination de Jacques Delors aux Finances afin de dissiper les craintes relatives à un éventuel retrait de la France des institutions communautaires [...]. Fin 1981, le constat que la reprise mondiale annoncée par les experts de l'OCDE et de l'Insee n'est pas au rendez-vous convainc les dirigeants socialistes – à l'exception des chevènementistes – que la mise en œuvre de "l'austérité à visage humain" est inéluctable à très court terme pour éviter la répétition du scénario de 1936 et de 1956, à savoir un socialisme de gouvernement incapable d'inscrire son action dans la durée faute de maîtriser les finances publiques[72]. »

Le référendum sur Maastricht est le deuxième épisode qui aide à éclairer les rapports entre les stratégies de la gauche et la question européenne. Les projets d'unification monétaire et d'harmonisation fiscale ont été au cœur du second mandat de François Mitterrand. Pour le président socialiste, il n'est plus question d'hésitation comme quelques années auparavant. C'est sous l'impulsion de Mitterrand et de Delors que le traité de Maastricht fut conçu et négocié. Mitterrand obtint dès 1988 l'accord de principe du chancelier allemand, Helmut Kohl, sur la création d'une monnaie unique. Il forma l'année suivante un groupe de travail dirigé par Élisabeth Guigou, qui réunissait des représentants des ministères des Finances et des Affaires étrangères des douze pays membres, à l'époque, de la Communauté européenne, et dont les conclusions servirent de base aux discussions de la Conférence intergouvernementale qui aboutit, en 1991, au traité de Maastricht.

Après les expériences gouvernementales des années 1980, Mitterrand ne pouvait guère ignorer les conséquences sur l'unité du bloc de gauche de règles européennes bien plus contraignantes de celles qui l'avaient conduit, en 1983, à renier ses engagements de campagne pour assurer la viabilité du SME. Même dans ses annonces programmatiques, la position socialiste à la fin des années 1980 est explicite : l'objectif prioritaire est l'unification européenne, à laquelle est sacrifiée la possibilité d'unifier le bloc de gauche. Le renoncement à toute politique de relance keynésienne est énoncé en 1993 avec la formule définitive : « Contre le chômage on a tout essayé ».

Mais la stratégie du pouvoir socialiste est en réalité plus sophistiquée. Il ne s'agit plus d'un choix obligé entre un objectif de politique intérieure (identifier un compromis satisfaisant pour toute la base sociale de la gauche) et un objectif de politique extérieure (l'unification européenne). Mitterrand ne fait plus face, comme en 1983, à des contraintes négociées avant son accession au pouvoir qui s'imposent à lui et qui l'obligent à un tel choix. C'est lui-même qui impulse au niveau européen un changement institutionnel majeur, dont il sait pertinemment – années 1980 obligent – qu'il fera obstacle à toute stratégie de médiation entre les attentes des salariés du secteur public et celles des classes populaires.

Le président français est donc le protagoniste d'un jeu à deux niveaux. Il agit en Europe pour la fixation de règles qui portent notamment sur la politique budgétaire et monétaire, destinées à modifier en profondeur le terrain sur lequel s'affrontent les projets de médiation politique en France. Certes, en partisan de l'unification européenne, le président considérait comme primordial le rapport avec l'Allemagne ; mais il est certain aussi que les « contraintes » que le PS s'auto-impose sont cohérentes avec l'affirmation de la ligne moderniste au sein du parti. On rappellera d'ailleurs que Michel Rocard, chef de file de la deuxième gauche, fut choisi par Mitterrand comme Premier ministre en 1988 (il restera en charge trois ans) et devint premier secrétaire du PS en 1993. Et ce choix ne s'explique certainement pas par l'estime que le second portait au premier.

Il est aussi fort vraisemblable que les difficultés récurrentes dans les rapports avec le Parti communiste, ainsi que l'affaiblissement de ce dernier, aient conduit Mitterrand à tenter de construire, pour consolider son pouvoir, d'autres alliances sociales que celle correspondant au bloc de gauche. La stratégie du président français peut donc être lue également comme la tentative d'empêcher définitivement le Parti communiste d'exercer toute influence sur l'action de la gauche « de gouvernement » ; une action désormais

« contrainte » par les accords européens. En dressant sur la route du Parti communiste des obstacles insurmontables, Mitterrand consolidait à la fois la domination socialiste sur la gauche et celle de la ligne moderniste au sein du PS : un double résultat qui lui permettait de regarder vers le centre politique pour chercher de nouveaux interlocuteurs.

La stratégie mitterrandienne fit apparaître, lors du débat sur le référendum de Maastricht, un clivage politique qui se superposa au traditionnel affrontement droite/gauche : aux tenants de l'intégration européenne, et des politiques néolibérales qu'elle impliquait, s'opposaient les défenseurs de la souveraineté nationale. Ce nouveau clivage fit exploser la gauche : Lutte ouvrière, la Ligue communiste révolutionnaire et le Parti communiste menèrent bataille pour le « non », mais les divisions furent profondes aussi au sein du Parti socialiste et des écologistes. Surtout, entre la gauche « de gouvernement » et les classes populaires s'ouvrit un fossé qui ne cessa de croître dans les années suivantes. Ainsi, 58 % des ouvriers votèrent « non » à Maastricht en 1992[73] ; l'opposition ouvrière à la ratification du Traité constitutionnel sera encore plus massive treize ans plus tard.

En 2005, la fracture complète du bloc de gauche provoquée par la question européenne se montra en toute son évidence lors du référendum sur le Traité constitutionnel. Le Parti communiste, la Ligue communiste révolutionnaire, Lutte ouvrière et le Parti des travailleurs firent très activement campagne pour le « non », alors que le Parti socialiste et les Verts soutenaient la ratification du Traité. Mais, de nouveau, des divisions encore plus profondes qu'à l'occasion du référendum sur Maastricht existaient à l'intérieur de ces deux partis. Leurs positions officielles furent fixées à la suite de consultations internes des inscrits.

Le Conseil national interrégional des Verts français (Cnir), instance dirigeante du parti, écrivit en 2003 que le

Traité se caractérisait par « des progrès institutionnels réels mais trop limités dans la partie I, une partie II critiquable sur le droit de travailler et non le droit au travail, sur le droit à la vie, mais rien sur le droit à la contraception et à l'avortement et rien sur la citoyenneté européenne de résidence, une partie III d'orientation libérale qui ne nous convient pas et qui doit être dissociée d'un texte constitutionnel et une partie IV qui définit des conditions de révision à l'unanimité compliquées à mettre en œuvre[74] ». Les Verts français proposèrent en 2004 une consultation ouverte à l'ensemble des écologistes européens, proposition rejetée par un Parti vert européen très largement favorable à la ratification. Le débat au sein des Verts français fut vif, avec les deux principales figures de l'écologie politique de l'époque engagées dans la défense de points de vue opposés : Daniel Cohn-Bendit était décidément pour un Traité qu'il considérait comme une avancée décisive vers l'unité européenne, José Bové s'y opposait en le jugeant « ultralibéral » et « antisocial ». Le débat fut tranché par une consultation entre militants dans laquelle le « oui » l'emporta avec 52,7 %, contre 42 % pour le « non » et 5,3 % d'abstenus.

De la même façon, le débat sur la position à tenir lors du référendum divisa le Parti socialiste. Le courant majoritaire, rassemblé derrière le premier secrétaire François Hollande, et la très large majorité des élus nationaux et locaux étaient favorables à la ratification, pour certains avec un enthousiasme non dissimulé. Ainsi, pour Dominique Strauss-Kahn – dont l'opinion représentait parfaitement celle de la majorité du parti – le référendum se résumait à une seule question : « Oui ou non, sommes-nous pour la construction européenne[75] ? » La majorité du PS marchait donc sur les pas de Mitterrand : s'il fallait choisir entre l'Europe et la possibilité d'une politique en mesure d'unifier l'ensemble de la gauche, il n'y avait pas la moindre hésitation.

En revanche, les courants minoritaires Nouveau Monde et Nouveau Parti socialiste s'opposèrent à la ratification. Le débat, comme chez les Verts, fut tranché par un référendum interne dans lequel le « oui » s'affirma assez largement (59 %), mais en montrant que les divisions dans la base du parti étaient bien plus importantes que parmi les élus.

Malgré la position favorable à la ratification de la très grande majorité des dirigeants politiques, aussi bien de droite que de gauche, le « non » au Traité l'emporta finalement avec 54,7 % des voix. Mais il faut remarquer que les électeurs du « oui » et du « non » ne déterminèrent par leur vote sur la base des mêmes variables.

Les raisons du « oui » furent pour l'essentiel liées à l'impact du résultat référendaire sur les institutions européennes[76]. Seulement 8 % des votants en faveur de la ratification indiquèrent comme motivation que celle-ci « [renforçait] la situation économique et sociale de la France ». Les motivations les plus répandues furent que le Traité constitutionnel était « indispensable pour poursuivre la construction européenne » (39 %) ; « J'ai toujours été pour la construction européenne » (16 %) ; le Traité « renforce le rôle de la France au sein de l'Union/dans le monde » (12 %) ; il « renforce l'Union européenne face aux États-Unis » (11 %), et ainsi de suite. On remarquera que, même parmi les électeurs du « oui », très minoritaires furent ceux qui avaient approuvé la ratification du Traité parce qu'il « [créait] une vraie citoyenneté européenne » (4 %) ou parce qu'il « [renforçait] la démocratie en Europe/ consultation des citoyens » (4 %).

En revanche, les motivations du vote « non » furent majoritairement liées à l'impact du Traité sur la politique intérieure de la France et sa situation économique et sociale. Ainsi, 31 % des votants ayant voté « non » indiquèrent comme motivation que le Traité « aura des effets négatifs sur la situation de l'emploi en France/délocalisation des entreprises françaises/perte d'emplois » ; 26 % que « la situation économique en France est trop mauvaise/Il y a trop de chômage en France ». Seule une faible minorité des votants ayant choisi le « non » donnèrent comme motivation de leur vote : « Je suis contre l'Europe/la construction européenne/l'intégration européenne » (4 %) ou « Je ne veux pas d'une Union politique européenne/d'un État fédéral européen/des "États-Unis" d'Europe » (2 %) ; alors qu'ils furent bien plus nombreux à rejeter le projet car « trop libéral sur le plan économique » (19 %) ou parce qu'il ne proposait « pas assez d'Europe sociale » (16 %).

Au vu de ces données, on peut affirmer que les opinions des votants ayant choisi le « oui » ne s'opposaient pas véritablement à celles des partisans du « non ». Cela aurait été le cas si, par exemple, la partie de l'électorat favorable au Traité l'avait jugé bénéfique sur le plan économique et social pour la France, ou si la partie de l'électorat qui s'y était opposée avait tout simplement été contre la construction européenne. Plus qu'une opposition frontale, il s'agit d'une différence entre les objectifs à privilégier : la contribution du Traité à la construction européenne pour les votants qui en soutenaient la ratification, ses conséquences sur la situation économique française pour ceux qui s'y sont opposés. Ainsi, 52 % des ceux qui ont voté « oui » déclaraient avoir privilégié la dimension européenne dans leur choix (contre 17 % des électeurs du « non »), alors que 47 % des électeurs du « non » déclaraient avoir fixé leur choix en considérant prioritairement la situation économique et sociale française (contre 11 % des électeurs du « oui »).

D'une certaine façon, l'électorat français a estimé que le référendum correspondait à un choix entre des objectifs perçus comme incompatibles (la lutte contre le chômage et la poursuite de la construction européenne) ; un choix du même ordre de celui que le président Mitterrand avait été obligé de faire en 1983. Mais la « nécessité » du choix de 2005 a été le produit d'une dynamique institutionnelle en Europe que la gauche française, en particulier le Parti socialiste, avait largement impulsée. Le Parti socialiste, par sa stratégie européenne entamée dans les années 1980 et poursuivie avec la plus grande cohérence depuis, est donc à l'origine de la fracture du bloc de gauche.

À l'occasion du référendum de 2005, il n'y a aucune trace du bloc social qui avait conduit à la victoire de Mitterrand en 1981. Les électeurs communistes ont voté presque unanimement « non » (94 %), alors que les électeurs socialistes et écologistes se sont profondément divisés, et pour une large partie n'ont pas suivi les indications des dirigeants politiques (dans les deux cas, le « non » a été choisi par 61 % des votants). Si l'on considère que le rejet du Traité a été motivé principalement par les craintes de ses conséquences sur la situation économique en France et par sa dimension libérale, il n'est guère étonnant que le « non » se soit imposé parmi les classes sociales les plus fragiles. Le vote le plus significatif est sans doute celui des ouvriers (76 % pour le « non »), qui marque leur distance désormais abyssale avec la gauche « de gouvernement » – on y reviendra dans le prochain chapitre.

Il est cependant important de souligner que seulement 6 % des ouvriers ayant voté « non » donnent comme motivation « Je suis contre la construction européenne » ou « Je ne veux pas d'une Union politique européenne ». En revanche, 60 % d'entre eux disent avoir voté « non » parce que le Traité « aura des effets négatifs sur la situation de l'emploi » ou parce que « la situation économique en France est trop mauvaise/Il y a trop de chômage » ; et 26 % des ouvriers ont rejeté le projet constitutionnel en jugeant qu'il ne propose « pas assez d'Europe sociale » ou qu'il est

« trop libéral sur le plan économique », « pas assez démocratique », ou par « opposition à la directive Bolkestein ».

Il serait donc totalement erroné d'affirmer que le résultat du référendum de 2005 a été déterminé par la tentation d'un repli nationaliste dont les classes populaires auraient été les protagonistes. C'est le caractère libéral du Traité et la crainte de ses conséquences négatives sur la croissance et l'emploi qui ont motivé son rejet. Il est vrai en revanche que ce rejet est pour l'essentiel le fait des classes populaires. Ainsi, après les élections européennes de 2004 et avant le référendum[77], les classes sociales supérieures et intermédiaires dressaient un bilan positif de l'adhésion de la France à l'Union européenne (71 %), alors que seulement 44 % des ouvriers et employés considéraient que l'adhésion française a été une bonne chose. En même temps, 65 % des ouvriers et employés se déclaraient en 2004 fiers d'être citoyens européens, et souhaitaient pour 56 % d'entre eux que les eurodéputés français défendent à Bruxelles et à Strasbourg les intérêts français *et européens*, contre seulement 32 % qui les invitaient à défendre uniquement les intérêts de la France. Enfin, les ouvriers et les employés en 2004 « [refusaient] à 60 % que la sécurité sociale française exclue de ses bénéficiaires les ressortissants des autres pays de l'UE et ils [étaient] 54 % à être d'accord avec le droit de vote aux élections locales accordé à ces mêmes ressortissants[78] ».

On constate ainsi qu'un clivage politique nouveau se superpose au traditionnel affrontement droite/gauche. Ce nouveau clivage, qui oppose les classes populaires aux classes moyennes et supérieures, ne correspondait pas – du moins il y a dix ans – à une opposition entre « europhiles » et « nationalistes » : il se fondait essentiellement sur la différente perception de l'impact d'une construction européenne à caractère néolibéral sur les conditions économiques et sociales en France. Derrière la peur, largement partagée par les classes populaires, des « conséquences socioéconomiques de la construction européenne, on retrouve la crainte sociale plus diffuse à l'égard de l'économie globalisée, de la libéralisation et de la précarité de l'emploi qui s'ensuit. Cette crainte sociale va d'ailleurs de pair avec l'individualisation des conditions de travail et l'isolement qu'elle produit[79] ».

LA PRÉSIDENCE HOLLANDE, FIN DE TRAJECTOIRE

La présidence Hollande est le point de chute d'une trajectoire ancienne. L'idéologie moderniste – qui rejette non seulement le marxisme mais toute lecture des dynamiques économiques et sociales en termes conflictuels – était présente dans certains courants du PS déjà dans les années 1970, et de fait depuis bien plus longtemps encore ; mais le caractère majoritaire du système électoral français obligeait les dirigeants socialistes de l'époque à faire preuve de « souplesse » dans les négociations avec un Parti communiste puissant au point d'être incontournable pour l'accès au pouvoir.

La situation a évolué au cours des décennies suivantes, et toujours en lien avec l'adhésion à une construction européenne que le PS a constamment considérée, dès les négociations sur le Programme commun, comme un objectif primordial de son action. Nous avons souligné la cohérence de cette position avec des dimensions très anciennes, datant de l'avant-guerre, du modernisme qui voyait dans l'Europe un facteur de modernisation, et dans la concurrence internationale une source fondamentale du dynamisme des structures productives.

Le tournant de la rigueur, le référendum sur Maastricht, puis celui portant sur le projet de Constitution européenne marquent autant d'étapes d'un mouvement qui a eu trois effets majeurs : a) l'affaiblissement de l'allié communiste et l'hégémonie socialiste sur la gauche ; b) l'alignement idéologique des élus socialistes sur les positions de la deuxième gauche ou, plus généralement, sur celles des « réformistes » héritiers plus ou moins fidèles du modernisme ; c) l'éloignement des classes populaires de la base du parti, éloignement qui est loin d'être fortuit ou nécessaire, et qui s'apparente à une expulsion : le PS a participé activement à la construction de contraintes européennes qui l'ont « obligé », par « réalisme économique », d'abord à baisser les bras face au chômage de masse, puis à impulser la transformation néolibérale du modèle français.

Le quinquennat Hollande est l'aboutissement de cette trajectoire. Un aboutissement tout d'abord par l'univocité de son action : débarrassé, pour la première fois dans son histoire, d'alliés sur sa gauche, le PS se conforme à des directives européennes qu'il négocie en sous-main, et porte la réforme néolibérale au cœur du modèle français en s'attaquant au Code du travail. Aboutissement, et point de chute d'une trajectoire électorale, le quinquennat Hollande l'est aussi par l'effondrement du soutien à son action. La deuxième gauche, en établissant sa domination idéologique sur le PS, a délibérément saboté le bloc de gauche ; mais, malgré les bons conseils de Terra nova, elle n'a toujours pas identifié la base sociale de son projet.

Ainsi, depuis bientôt quarante ans les socialistes se font élire avec des promesses à destination du bloc de gauche que, en toute logique, ils ne tiennent pas une fois au pouvoir. Hollande, en fin de trajectoire, paie le prix de quatre décennies de reniements. Mais une chute si violente du soutien politique et électoral ne peut pas être sans réaction de la part du PS, qui cherche une porte de sortie ; et c'est dans le bloc bourgeois qu'il pense la trouver.

3

Le bloc bourgeois : un nouveau bloc hégémonique ?

La fracture du bloc de gauche date du « tournant de la rigueur ». Depuis cette époque, le Parti socialiste cherche, sans la trouver, la base sociale d'une stratégie « moderniste » largement dominante parmi ses cadres et ses dirigeants. C'est donc du début des années 1980 qu'il faut repartir pour rendre compte d'une quête qui s'est finalement traduite par l'émergence progressive d'un projet politique inédit. Un projet qui implique une modification profonde des clivages politiques en France, et qui coïncide avec la formation d'une nouvelle alliance sociale : le bloc bourgeois.

VICTOIRE IDÉOLOGIQUE DES MODERNISTES ET CONSTRUCTION EUROPÉENNE : LA FIN DU BLOC DE GAUCHE

Comme on l'a vu, le bloc de gauche tel qu'il existait dans les années 1970-1980, c'est-à-dire la coalition des groupes sociaux qui estimaient leurs intérêts représentés par l'alliance politique des partis de gauche, principalement le PS et le PCF, n'était pas homogène, ni dans sa sociologie (ce qui n'est pas surprenant car les blocs sont *a priori* hétérogènes, résultant de l'agrégation de groupes sociaux divers), ni dans ses aspirations (ce qui était en revanche plus problématique du point de vue de la stabilité du bloc). Ce manque d'homogénéité se retrouvait dans les différentes formations politiques de la gauche. Si le PCF représentait plus fortement la composante ouvrière du bloc, le PS était très divers, incarnant aussi bien les intérêts des classes laborieuses de service, dont les aspirations étaient proches de celles des ouvriers de l'industrie, que les classes moyennes éduquées, qui avaient des revendications plus « qualitatives »[80].

Le projet politique de la gauche, du Programme commun des années 1970 aux *110 propositions pour la France* de Mitterrand en 1981, était l'expression d'un compromis entre des aspirations potentiellement divergentes. Les groupes sociaux aux revenus les plus faibles attendaient beaucoup d'une politique qui augmenterait les salaires réels, diminuerait le chômage, consoliderait et étendrait l'État social, etc. Les groupes sociaux les plus aisés étaient davantage sensibles à des revendications en matière d'ouverture culturelle et de droits civiques, et se méfiaient de l'intervention de l'État ; du point de vue économique, ils attendaient surtout que le pouvoir socialiste mette en œuvre une politique de renouveau des structures productives et sociales, dans la lignée des aspirations modernistes de l'après-guerre. Jusqu'à l'accession au pouvoir en 1981, pour des raisons de réalisme politique, le programme de la gauche était surtout orienté vers le premier type d'attentes. Les groupes qui se reconnaissaient dans le projet moderniste étaient minoritaires dans le bloc social de gauche, tout comme dans les formations politiques correspondantes.

L'arrivée de la gauche au pouvoir impliquait donc de satisfaire les attentes quantitatives plus immédiates. De fait, les premières décisions du gouvernement de la coalition de gauche en 1981 se sont inscrites dans cette perspective : augmentation du Smic de 10 % et des allocations familiales et vieillesse de 25 % ; embauche de 55 000 fonctionnaires ; aides à la construction de logements sociaux ; abaissement de l'âge de la retraite à 60 ans ; cinquième semaine de congés payés. Ces mesures étaient accompagnées d'autres visant à transformer les structures de l'économie: nationalisations des banques et d'une grande partie de l'industrie; restrictions dans l'utilisation de contrats de travail temporaires et l'intérim.

Le bilan que la presse comme la littérature académique tirent de la politique économique d'après 1981 est le plus souvent négatif: il est vrai que la relance française, si elle parvint à éviter la récession et à contenir provisoirement la montée du chômage, n'arriva pas à relancer l'économie. De plus, l'option choisie de relancer l'économie eut lieu à contre-courant des orientations récessives adoptées par les autres pays de l'OCDE à la suite des États-Unis, ce qui causa un important déséquilibre extérieur. On peut cependant noter que les initiatives de politique économique respectives de Reagan et de Thatcher donnèrent lieu, elles aussi, à un creusement du déficit extérieur d'ampleur similaire voire supérieure à celle du déficit français, sans parler du chômage; pourtant, personne n'en tira la conclusion qu'il était indispensable de donner une autre direction à la politique économique, bien au contraire[81]. De plus, les discussions économiques lors de l'élaboration du Programme commun ou des 110 propositions ne se limitaient pas à un choix entre « déficit keynésien » ou « austérité ». Elles impliquaient une transformation du modèle productif qui passait par une action de moyen ou long terme allant bien au-delà d'un plan de relance destiné à stimuler l'activité à court terme. Le « tournant de la rigueur », arrivant quelques mois après la mise en œuvre des premières des 110 propositions, ne permit pas à l'expérience économique de gauche de se poursuivre et consista tout simplement à aligner la politique économique française de court terme comme de long terme sur les options dominantes de l'époque, qui allaient dans le sens de la néolibéralisation.

Cependant, nous l'avons souligné au chapitre précédent, ce n'est pas la recherche de solutions « techniques » à des problèmes de nature économique qui caractérise la première phase de la présidence Mitterrand, mais une véritable bataille idéologique. Le moment était arrivé, pour la composante moderniste du Parti socialiste, d'appliquer un programme depuis longtemps en gestation, en exploitant toutes les occasions que la situation économique pouvait offrir pour tenir un discours dit « réaliste » destiné à enterrer définitivement le Programme commun, marginaliser le Parti communiste et privilégier des réformes de structures néolibérales en sacrifiant les attentes d'une partie substantielle du bloc de gauche, en particulier la classe ouvrière et plus généralement les groupes sociaux aux revenus les plus faibles[82].

Cette bataille commença dès la prise du pouvoir, au point qu'il est erroné d'affirmer que l'orientation de politique économique changea brutalement en 1983. Fonteneau et Muet[83] soulignent que la phase véritablement expansionniste de la politique socialiste – qui se donnait comme objectif prioritaire la réduction du chômage – se termine dès juin 1982 : les mesures qui accompagnèrent la dévaluation du franc annonçaient le changement de cap qui devint explicite en mars 1983, au moment d'un tournant de la rigueur qui était dans l'air depuis plusieurs mois. Le ministre de l'Économie de l'époque, le moderniste Jacques Delors, estimait que le marché des biens était affecté par un excès de demande, qu'il quantifiait à 2 % du PIB ; l'élimination de ce déséquilibre (ainsi que de l'inflation et du déficit commercial qu'il produisait) remplaça alors la lutte contre le chômage dans les priorités de l'action gouvernementale.

Mais la hausse de 1 % de l'impôt sur les revenus, celle des taxes sur le tabac et l'alcool ou des tarifs des services publics, la coupe de 7 milliards de francs dans les dépenses publiques programmées ne signalent pas simplement une modification des priorités de la politique économique : le choix de privilégier la réduction du déficit commercial par rapport à la baisse du chômage correspondait à une modification des équilibres internes au Parti socialiste qui avait pour conséquence une révision de sa stratégie d'alliance et, à terme, une modification de la base électorale de la gauche.

La décision fut donc de garder le franc dans le Système monétaire européen, ce qui impliquait de concentrer l'action de gouvernement sur la lutte contre l'inflation et les déficits, plutôt que de sortir du SME pour permettre la poursuite de la politique économique engagée en 1981. La question à laquelle Mitterrand répondit par ce choix fut avant tout politique : fallait-il satisfaire les attentes des groupes sociaux qui étaient présents dans la base électorale de la gauche et l'avaient conduite à la victoire, ou bien – en réaffirmant la présence française dans le SME – engager les mesures d'austérité que les mêmes groupes sociaux avaient très majoritairement rejetées en 1981 ?

La réponse n'allait en apparence pas de soi, tant les conflits au sein du PS – des conflits qui portaient sur les perspectives *politiques* du septennat – étaient violents. Le Parti socialiste était partagé en deux camps rivaux, qui se livrèrent bataille dans la plus grande discrétion ; car chacun savait que le choix final reviendrait au président, l'enjeu étant alors de le convaincre que l'option défendue était la plus pertinente.

Le combat se déroula ainsi plus dans les couloirs élyséens que devant l'opinion publique, et les modernistes finirent par obtenir une victoire sans appel. Mitterrand était bien conscient que sa décision n'avait rien de conjoncturel : garder le franc dans le SME supposait d'arrêter durablement les politiques de soutien de la demande, et de mettre en œuvre une politique de rigueur aux conséquences sociales et politiques que tous les participants à l'affrontement au sein du PS – aussi bien du côté gagnant que du côté perdant – avaient intégrées dans les raisonnements respectifs. La stratégie économique consistait désormais à impulser une politique d'offre visant à créer un environnement favorable à l'investissement privé[84], la modération salariale jouant un rôle décisif dans ce cadre. Dans son *Verbatim*, Jacques Attali confirme que Mitterrand était conscient des implications profondes et durables du tournant de la rigueur : « Je suis partagé entre deux ambitions : celle de la construction de l'Europe et celle de la justice sociale. Le SME est nécessaire pour réussir la première, et limite ma liberté pour la seconde[85]. »

Comme nous l'avons souligné dans le chapitre précédent, le choix de Mitterrand n'a en réalité rien de surprenant : l'intégration européenne était l'une des lignes rouges du PS pendant les négociations qui avaient conduit à l'Union de la gauche dans les années 1970. On peut s'interroger sur le sérieux des concessions faites au PCF sur la question des nationalisations dans le Programme commun ainsi que sur la sincérité des nombreux appels à la rupture avec le capitalisme, qui peuvent être interprétés comme des positionnements tactiques fonctionnels à la fois au combat entre socialistes et communistes pour l'hégémonie au sein de la coalition de gauche, et à la lutte pour le leadership au sein du PS. Mais il ne fait pas de doute que, dès les années 1970, la participation à la construction européenne correspondait à un choix stratégique majeur du PS. C'est donc sans surprise que, au moment d'arbitrer entre la permanence dans le SME et une politique économique conforme aux attentes du bloc de gauche, Mitterrand privilégia la première. Bien que minoritaires et en retrait dans le parti dans les années 1970, les modernistes avaient marqué un point décisif pour leur combat en inscrivant l'unification européenne comme objectif non négociable de la stratégie socialiste.

Si son issue était, dans une certaine limite, écrite à l'avance, la bataille éclatée après la prise de pouvoir dans le Parti socialiste n'en fut pas moins rude. Les adversaires des réformes de gauche les plus significatives du début du septennat profitèrent de l'échec relatif de la politique de relance de 1981, et surtout de l'aggravation du déficit commercial, pour dramatiser la situation et pour exiger un changement de cap. Jacques Delors appela publiquement à une « pause » dans les réformes dès novembre 1981[86], soit quelques semaines à peine après la réalisation des premières mesures contenues dans les *110 propositions pour la France* de François Mitterrand. La victoire des modernistes fut complète et sans ambiguïté, au point que l'interprétation dominante du tournant de 1983 occulta sa dimension politique, et le caractérisa comme un retour au prétendu « réalisme économique », ou la conséquence de la « nécessité » – déterminée par la contrainte extérieure – de mettre en place une politique de l'offre.

Cette interprétation a été prépondérante non seulement dans les médias, mais aussi dans la littérature d'économie politique. Selon ce point de vue, l'échec (relatif) de la stratégie de relance keynésienne impliquait d'abandonner durablement toute ambition de gestion « dirigiste » de la demande, et d'orienter la politique économique vers la recherche de la compétitivité et la promotion de l'entreprise comme un acteur stratégiquement décisif pour la croissance. Une analyse académique et médiatique qui était aussi celle d'acteurs importants de la politique française comme Michel Rocard et Jacques Delors, dont l'intérêt tactique de présenter leur stratégie comme la seule possible est évident. Le choix politique opéré par Mitterrand marqua donc une défaite pour la politique économique et sociale de gauche[87] : l'échec électoral de 1986 fut la suite logique de la déception des attentes d'une large fraction du bloc social qui, en 1981, avait conduit la gauche au pouvoir.

La ligne d'orthodoxie économique – constamment présentée comme un choix en faveur de l'intégration européenne – a été suivie avec un degré de rigueur variable par tous les gouvernements de gauche suivants (1988-1993, 1997-2002, 2012-2017), avec les mêmes conséquences électorales désastreuses. La fraction du bloc de gauche sacrifiée par la stratégie socialiste ne s'est d'ailleurs pas limitée à signaler son mécontentement dans les urnes. Déjà, sous le second mandat de Mitterrand (1988-1995), les contestations contre l'action gouvernementale en provenance de la base sociale de la gauche furent nombreuses. On peut rappeler à titre d'exemple le mouvement de grève des employés de l'administration fiscale en 1989 (qui obligèrent le ministre des Finances à leur accorder une prime spéciale) ou le grand mouvement de protestation des infirmières en 1991, pendant les derniers mois du gouvernement Rocard. Les élections législatives de 1993 furent catastrophiques pour le PS, qui n'obtint que 20 % des votes, et contraignirent Mitterrand à une seconde cohabitation avec un Premier ministre de droite.

Les responsables socialistes étaient bien conscients de la contradiction entre les attentes d'une partie importante de leur base et une politique économique qui ne faisait que prolonger l'action de Raymond Barre. Lionel Jospin, premier secrétaire du PS en 1983, présentait alors le tournant de la rigueur comme une « parenthèse », une déviation temporaire de la trajectoire de gauche ; ce qui impliquait que le nouveau cours de la politique économique finirait par être inversé[88]. Mais les artisans du tournant, Delors en premier lieu, n'étaient pas du même avis[89] : pour eux, le retour au prétendu « réalisme économique » correspondait à un changement permanent de la politique économique dans la « bonne » direction.

La rhétorique de la « parenthèse » occultait l'écrasante victoire idéologique et politique des modernistes au sein du PS. Cependant, et ce jusqu'à nos jours, à la ligne dominante au sein du parti ne correspond aucun bloc social en mesure d'assurer une victoire électorale. Les tentatives de construire de nouvelles alliances sociales n'ont pas manqué ; mais, de 1981 jusqu'à la présidentielle gagnée par Hollande en 2012, c'est le soutien du bloc de gauche que le PS a constamment recherché lors des campagnes électorales. Que le PS soit aujourd'hui perçu très largement comme le parti du reniement, c'est un constat qui n'a rien d'un reproche moral, et qui s'explique par l'ambition de gouverner d'un parti qui n'a toujours pas trouvé le socle social de sa stratégie politique.

LES TRANSFORMATIONS DU RAPPORT SALARIAL AU CŒUR DE L'ÉVOLUTION DU CAPITALISME

Les années 1980, celles de la victoire de la ligne moderniste au sein du Parti socialiste, sont caractérisées par des changements profonds du capitalisme européen, qui vont tous dans la direction du modèle libéral. Cependant, en France comme dans les pays européens les plus éloignés du capitalisme libéral, il n'y a pas eu de rupture explicite et de basculement soudain vers de nouvelles formes d'organisation du capitalisme ; mais plutôt un glissement progressif, entamé il y a plus de trente ans et aujourd'hui pas encore complètement abouti.

Les changements institutionnels dans un domaine particulier ont des conséquences dans d'autres domaines par le jeu des complémentarités entre les institutions. Ainsi, dans nombre de pays européens, les privatisations ont remis en cause le statut des salariés des firmes publiques, ce qui a contribué à affaiblir le macro-corporatisme, c'est-à-dire la gestion des relations capital-travail à un niveau centralisé, et favorisé la diffusion d'un microcorporatisme, à savoir la gestion des relations employeurs-employés au niveau de la firme. Ce microcorporatisme est plus en accord avec le modèle néolibéral de capitalisme. De même, la financiarisation de l'économie, en renforçant la pression pour obtenir une forte rentabilité de court terme, a rendu plus difficile la garantie de fait d'une certaine sécurité de l'emploi pour les salariés. L'extension des marchés financiers a aussi conduit à ce que la fourniture de services privés (assurances) concurrence les systèmes publics de protection sociale, éléments centraux des compromis sociopolitiques sur lesquels les capitalismes sociaux-démocrates et européens continentaux sont fondés.

En ce début de XXIe siècle, se retrouvent au centre du changement les institutions du rapport salarial, qui ont subi des transformations importantes dans de nombreux pays, orientant progressivement et à des degrés variables ces institutions vers le modèle néolibéral. Ce n'est pas un hasard si, dans la transition progressive vers le modèle néolibéral qu'a connue la France, la transformation de ces institutions arrive en dernier : elles étaient l'élément essentiel des compromis sociaux qui soutenaient les anciens modes d'organisation de l'économie[90]. Plus qu'une flexibilisation généralisée du marché du travail et un démantèlement complet de la protection sociale, qui remettraient directement en cause des mécanismes protecteurs indispensables aux compromis sociopolitiques sur lesquels s'appuient encore beaucoup des capitalismes de l'Europe continentale, c'est une libéralisation partielle et affectant les marges plus que le cœur de la main-d'œuvre qui a été observée en Europe.

Les auteurs régulationnistes avaient pensé pouvoir identifier dans certains traits du capitalisme asiatique les éléments principaux d'un rapport salarial postfordiste qui, reprenant des éléments de la relation salariale chez Toyota, aurait pu constituer un compromis entre « stabilité de l'emploi, malléabilité des tâches et une production suffisamment diversifiée qui permette de redéployer à l'intérieur de l'entreprise les salariés selon la fortune des divers marchés supposés contracycliques[91] ». Mais ce modèle ne s'est pas diffusé à l'ensemble de l'économie japonaise et encore moins à l'ensemble des économies développées. Le thème de la flexibilité externe s'est imposé lentement comme la forme dominante de transformation du rapport salarial, supposée garantir des ajustements rapides et efficaces de la main-d'œuvre vers les secteurs et les firmes les plus efficaces. « La flexibilité externe [...] devrait être déclinée sur toutes les composantes de la relation salariale, salaire, forme de la couverture sociale, durée du travail, etc. »[92]. L'hypothèse est que le changement technique repose sur des innovations qui modifient la structure industrielle à un point tel que la destruction de postes de travail est à la fois une conséquence et une condition des progrès de productivité. Dans ces circonstances, les institutions qui freineraient cette destruction sont supposées ralentir d'autant la croissance.

La question est alors de savoir quelle alliance sociale pourrait soutenir un rapport salarial considérablement plus flexibilisé et segmenté qu'au cours de la période qui a suivi la crise des années 1970. Il est évident que, dans les modèles de capitalisme non libéraux, il n'existe pas de bloc social suffisamment large et stable pour soutenir une libéralisation complète de l'ensemble du rapport salarial (y compris dans ses dimensions de protection sociale)[93]. C'est pourquoi les tentatives de « réforme » ont cherché un bloc qui s'accommoderait de changements partiels.

Dans certains pays, on s'est efforcé de préserver le modèle de rapport salarial traditionnel pour le cœur de la main-d'œuvre – composé de salariés qualifiés, employés dans l'industrie exportatrice – tout en flexibilisant la relation d'emploi dans les activités de service ou protégées de la concurrence internationale. On observe ainsi une segmentation croissante, mais variable selon les pays, entre le cœur et la périphérie de la main-d'œuvre, avec une relation salariale conservant tout ou, le plus souvent, partie des « bonnes » propriétés de stabilité (sécurité de l'emploi, progression du salaire...) réservée aux salariés utiles à la stabilité et au développement des compétences spécifiques des firmes ; aux autres est proposée une relation salariale plus précaire.

Cette stratégie de réforme[94] a été notamment adoptée en Allemagne afin de diminuer le taux de chômage et la pression consécutive sur le financement de la protection sociale, ainsi que pour baisser le coût du travail dans les activités de service et par conséquent les coûts de production totaux de l'industrie exportatrice qui fait directement ou indirectement appel à ces services[95]. Par ailleurs, la flexibilisation du travail aux marges induit une pression à la « modération salariale » (qui en l'occurrence signifie la stagnation du salaire réel) pour les salariés du cœur industriel également. Sans que les partisans de ces réformes l'aient nécessairement anticipé, les transformations provoquent une augmentation de la conflictualité qui témoigne des contradictions du nouveau type de rapport salarial : l'austérité budgétaire conduit à limiter très strictement les augmentations de salaires dans les services publics ; les privatisations ont fait perdre le statut de fonctionnaire et dégradé les conditions de travail dans de nombreux services autrefois publics ; la segmentation croissante a accru la désorganisation des revendications, etc.

Les nouvelles formes du rapport salarial semblent ainsi moins aptes à réaliser ce que le rapport salarial fordiste était en mesure d'accomplir : fournir le moyen de faire progresser la demande effective par une distribution des gains de productivité. À la segmentation du marché du travail correspond un accroissement des inégalités, et le choix de la concurrence par la compétitivité-coût accroît le déséquilibre de la répartition du revenu entre capital et travail. Quantité de travaux, notamment le best-seller mondial de Thomas Piketty[96], ont démontré à quel point les inégalités se sont creusées depuis le début des années 1980. Dans de nombreux pays, les salaires ont systématiquement augmenté moins vite que la productivité. Le cas le plus flagrant est celui des États-Unis, mais le phénomène est présent, là encore à des degrés divers, dans l'ensemble des pays industrialisés. On retrouverait presque une partie des caractéristiques de la régulation concurrentielle, préfordiste.

Le développement des formes d'emploi atypiques aux marges du salariat a fait resurgir les débats sur la segmentation du marché du travail ou de la protection sociale. Ces évolutions accroissent les inégalités, d'autant plus que les systèmes de protection sociale ont eu tendance à devenir moins généreux, particulièrement en ce qui concerne une indemnisation du chômage de plus en plus liée aux efforts accomplis dans la recherche d'insertion sur le marché du travail (*activation*). La question de la stabilité sociopolitique des économies ainsi transformées peut donc se poser à plus ou moins court terme. Contrairement aux conclusions optimistes de Martin et Swank[97] sur la capacité des systèmes macrocorporatistes à limiter les inégalités de revenu et de statut, l'évolution vers un rapport salarial concurrentiel et plus inégalitaire a aussi touché les pays nordiques, et notamment la Suède[98] ; les pays qui semblent échapper le plus à la dynamique de « dualisation » du marché du travail sont ceux où la protection de l'emploi est faible pour tout le monde (Suisse et Danemark), l'homogénéisation de la relation salariale se faisant par un nivellement vers le bas[99], ce qui diminue les pressions dérégulatrices à l'initiative du patronat.

La question de l'alliance sociale susceptible de soutenir de telles transformations se pose dans des termes différents selon les pays parce que les structures économiques et sociales sont différentes, la définition des groupes sociopolitiques, leur poids relatif et leurs attentes diffèrent aussi nécessairement. Si le noyau dur néolibéral est probablement très semblable d'un pays à l'autre (les indépendants, les cadres supérieurs, les dirigeants d'entreprise...), il n'est certainement majoritaire nulle part[100]. L'adoption, au moins partielle, des réformes néolibérales demande donc une stratégie de médiation susceptible d'agréger au noyau dur des groupes sociaux différents pour constituer un bloc social dominant.

Sur ce dernier point, la comparaison entre la France et l'Italie établie par Amable, Guillaud et Palombarini[101], et par Amable et Palombarini[102] a révélé l'existence d'un « bloc bourgeois » centré autour des classes moyennes et supérieures qualifiées, susceptible de devenir un bloc dominant et qui est de toute évidence l'alliance sociale sur laquelle reposent les stratégies politiques et institutionnelles des coalitions au pouvoir dans les deux pays considérés.

LA DIFFICILE ÉMERGENCE DU BLOC BOURGEOIS

Un bloc social est toujours le résultat de l'action de forces politiques : celles-ci proposent un ensemble de politiques économiques et structurelles susceptible de satisfaire différents groupes sociaux. La formation comme la rupture d'un bloc ne peut pas s'analyser indépendamment des stratégies politiques liées aux blocs en question. Il n'y a pas de causalité unidirectionnelle qui irait des attentes sociales – qui ne sont pas incompatibles ou compatibles « par nature » – vers l'action politique, dont le rôle n'est pas simplement de s'adapter plus ou moins passivement à l'évolution des attentes. Un bloc social est le produit d'un projet politique, et sa rupture peut s'expliquer par l'émergence de projets politiques alternatifs. La rupture du bloc de gauche est ainsi en large partie la conséquence de l'action politique de la gauche « de gouvernement » française. De même, l'émergence du bloc bourgeois correspond certes à des concordances entre les attentes des groupes appelés à le composer ; mais il s'agit aussi d'une concordance organisée et encadrée par une stratégie politique.

Bloc bourgeois et forces politiques correspondantes doivent donc être analysés conjointement. La réforme néolibérale du capitalisme français est l'horizon de ces forces politiques ; mais les attentes sociales liées aux réformes libérales sont en France un facteur de crise politique, car elles fracturent les anciens blocs sociaux. Le Cevipof a construit un « indice de libéralisme économique[103] fondé sur trois questions (« Faut-il faire davantage confiance aux entreprises et leur donner plus de liberté ? », « Faut-il donner davantage de liberté de licenciement aux entreprises ? », « Faut-il réduire le nombre de fonctionnaires ? »). Considérant comme « libéraux » les enquêtés donnant au moins deux réponses positives, il a ensuite croisé cet indice avec le vote aux régionales de 2015. Il en résulte que les « libéraux » sont présents, à des degrés divers, dans les bases électorales de tous les partis : ils représentent 53 % des électeurs de la droite républicaine, 34 % des électeurs du FN et 19 % des électeurs ayant appuyé une liste de gauche. Les « libéraux » sont ainsi non seulement minoritaires (environ un tiers de l'électorat), mais aussi dispersés.

La réforme néolibérale du capitalisme français a pendant un temps avancé le visage masqué, en s'attaquant aux institutions qui pouvaient paraître périphériques par rapport aux anciens compromis sociaux. Mais au moment où le processus de « réforme » prend pour cible les institutions du marché du travail, c'est-à-dire l'architrave d'un modèle social qu'il s'agit d'enterrer, la constitution d'un bloc social d'appui aux réformes devient nécessaire à la réussite de celles-ci. Au regard des attentes exprimées par les électeurs, ce bloc apparaît minoritaire mais tout de même consistant : il se posera le problème de l'élargir en établissant des alliances.

Toutefois l'obstacle le plus immédiat qui entrave la composition du bloc est la structuration traditionnelle de l'offre politique : les soutiens de la réforme néolibérale sont dispersés, il s'agit tout d'abord de les réunir. En ce sens, la construction européenne joue un rôle politiquement décisif. D'une part car les « nécessaires réformes » auxquelles les institutions européennes appellent régulièrement vont exactement dans la direction du modèle néolibéral. D'autre part parce que l'objectif de l'unification européenne peut être présenté comme dépassant les enjeux nationaux, et donc servir de levier pour restructurer l'offre politique nationale. Jacques Delors a été le précurseur d'une telle stratégie : son ambition de rassembler les « sages de tous les camps[104] » pour valider les politiques d'austérité était annoncée comme fonctionnelle au projet européen, et constitue la première remise en question politiquement significative du traditionnel clivage droite/gauche.

On peut d'ailleurs relire sous cet angle la stratégie de Mitterrand visant, au cours des années 1980, à favoriser la montée du Front national. L'interprétation la plus courante d'une telle stratégie la relie à l'objectif de diviser la droite pour l'affaiblir. Cela est sans doute vrai, mais un objectif connexe pouvait être de faciliter les recompositions politiques dans la perspective de la défection et du déclin du Parti communiste: diviser la droite et pousser dans les bras du Front national la fraction la plus radicale de son électorat, c'était aussi ouvrir la possibilité pour le Parti socialiste d'identifier de nouveaux alliés provenant de la droite « modérée ». Le choix du scrutin proportionnel aux législatives de 1986 (qui a permis l'élection de 35 députés du Front national), mais aussi la nomination en 1988 de Michel Rocard comme Premier ministre peuvent ainsi être interprétés comme des tentatives de recomposition du paysage politique. Une recomposition que Michel Rocard souhaita ouvertement en 1993, lors de l'appel à un « big bang » politique lancé le 17 février à Montlouis-sur-Loire et adressé à « tout ce que l'écologie compte de réformateurs, tout ce que le centrisme compte de fidèles à une tradition sociale, tout ce que le communisme compte de véritablement rénovateur, et à tout ce que les droits de l'homme comptent aujourd'hui de militants actifs[105] ».

On sait qu'à l'époque cette stratégie échoua. Le refus de Delors de se présenter à la présidentielle de 1995, que nous avons décrit au chapitre précédent, en sanctionna l'échec. Cependant le projet de restructurer l'offre politique autour d'un pôle « européiste », favorable aux réformes néolibérales, continua à vivre. Et, en 2007, on trouva bien un candidat à la présidence de la République disponible et prêt à le soutenir explicitement. François Bayrou fit campagne sur trois thèmes: le soutien à l'intégration européenne et aux « nécessaires » réformes qu'elle implique; la volonté de dépasser un clivage droite/gauche jugé obsolète; la dénonciation des promesses « irréalistes » des autres candidats et la défense d'une politique d'austérité, les rares ressources disponibles devant être concentrées sur la baisse des charges pour les entreprises. Sur ces bases, Bayrou obtint un résultat remarquable (18,6 % des voix au premier tour), et fit la démonstration que la construction d'un bloc bourgeois était politiquement envisageable… à condition qu'au moins l'un des deux partis majoritaires se rallie au projet.

Une enquête électorale de 1988[106] proposait une question sur la coalition gouvernementale souhaitée parmi les possibilités suivantes : PS + PCF, PS seul, PS + centristes, UDF + RPR, UDF + RPR + FN, PS + UDF + RPR. L'analyse des réponses[107] montre que les attentes d'une éventuelle alliance entre socialistes et centristes étaient liées à une politique économique libérale et non interventionniste. La préférence pour une alliance de ce type était associée à des attentes dites « sociétales » de type progressif (pas d'hostilité aux immigrés, défense des libertés publiques) mais pas à des demandes d'une politique économique « de gauche ». Sociologiquement, ces préférences de coalition et les attentes correspondantes étaient portées par les catégories moyennes et supérieures de la population (en termes de revenu et de niveau d'études). On voyait donc là apparaître un schéma qui allait servir de référence aux innombrables interprétations de science politique à base de « modernisation » et de « désalignement », dont l'aboutissement le plus caricatural allait être la publication de Terra nova avant l'élection présidentielle de 2012 discutée au premier chapitre. Mais cette lecture des résultats de l'enquête électorale de 1988, qui donne une image relativement « modérée » des attentes de ce qui pourrait constituer le bloc bourgeois, tient à la question posée. La spécification des alternatives proposées prédétermine la vision de l'alliance PS-centristes comme voie intermédiaire entre la gauche et la droite traditionnelles. Une analyse plus fine indique que le bloc bourgeois est loin d'être « modéré » dans toutes ses attentes.

Le profil sociologique de ce bloc en construction apparaît nettement dans le vote au référendum de 2005 sur le projet d'une Constitution européenne. Un vote qui permet, par sa nature, d'anticiper comment se restructureraient les alliances sociales si les appartenances politiques traditionnelles venaient vraiment à se déliter et que la question européenne devenait l'axe fondant de l'offre politique française ; et significatif aussi en raison de la forte participation électorale (69 % de votants). Selon les instituts des sondages[108], autour du « oui » se seraient regroupés 60 % à 65 % des professions libérales et intellectuelles et 67 % des cadres ; alors que le « non » a été très largement majoritaire chez les agriculteurs (70 %), les employés (60 % à 67 %) et les ouvriers (71 % à 81 %). Il apparaît ainsi que le dépassement du clivage droite/gauche implique – à l'opposé de ce qu'indique la rhétorique politique habituelle – l'établissement d'une nouvelle alliance sociale sur des bases très clairement classistes : les catégories populaires, dont des fractions participaient aussi bien au bloc de droite qu'au bloc de gauche, sont exclues dans leur totalité du bloc bourgeois. En même temps, le soutien à la construction européenne réunit les classes « bourgeoises » que le clivage droite/gauche divise (à titre d'exemple, ont massivement voté « oui » au référendum les professions intellectuelles, traditionnellement à gauche, et les cadres du secteur privé, fortement ancrés à droite).

Le bloc bourgeois serait donc l'aboutissement de la stratégie moderniste, désormais hégémonique au Parti socialiste. L'alliance est celle décrite par André Gauron[109] à propos de l'échec moderniste d'avant 1981 : « [L]eur défaite est d'abord la conséquence de leur refus d'admettre la société française telle qu'elle est, de l'épouser en l'état pour la faire évoluer. Les modernistes sont restés "mendésistes", se refusant à compter les voix communistes, c'est-à-dire finalement de prendre en compte les attentes du monde ouvrier. Ils se sont construit un salariat à eux, "moderne", de techniciens, de cadres, d'employés du tertiaire, de cols “blancs” ; ils se sont donné de nouveaux mouvements sociaux, féministes, autonomistes, écologistes… qui mobilisent ce salariat “moderne”. Le monde ouvrier, la “classe” ouvrière leur demeure étrangère, quand ils ne la voient pas exclusivement étrangère, c'est-à-dire immigrée. Dès lors, la crise économique […] leur est incompréhensible. »

Si on reprend l'analyse en classes latentes[110] présentée par Amable, Guillaud et Palombarini[111], on peut dessiner plus précisément le profil du bloc bourgeois. Cette analyse décompose l'électorat français en classes homogènes sur la base des attentes exprimées. Plusieurs de ces classes sont susceptibles d'être intégrées dans la nouvelle alliance sociale. La classe qui exprime les attentes les plus cohérentes avec le bloc bourgeois en projet correspond à peu près aux « sociaux-libéraux » identifiés par l'enquête Cevipof que nous avons citée[112]. C'est une classe urbaine (39 % de ses membres résident dans des grandes villes), économiquement aisée, composée pour une grande partie par des cadres (49 %) et qui regarde comme des questions prioritaires les inégalités sociales et la formation des jeunes. Cette classe, favorable aux réformes néolibérales même si elle trouve leur rythme trop rapide, représentait 9 % de l'électorat en 2012. Il s'agit d'un groupe social de taille réduite ; la constitution d'un bloc bourgeois nécessite donc une extension à d'autres groupes.

Le clivage droite/gauche sépare pour l'instant les « sociaux-libéraux » (qui dans notre analyse s'autopositionnent très majoritairement au centre-gauche) d'une autre classe bourgeoise, économiquement aisée, qui pesait 13 % de l'électorat en 2012 et se considérait largement de droite modérée. Du point de vue sociologique, cette deuxième classe est proche de la première, avec une proportion importante de cadres supérieurs, chefs d'entreprise et indépendants (42 % de la classe) et un haut niveau d'éducation

(67 % ont au moins un diplôme du second degré). L'objectif de la formation des jeunes est jugé prioritaire aussi par cette deuxième classe, qui avait voté – comme la première – massivement « oui » au référendum sur la Constitution européenne. Les différences apparaissaient principalement sur le rythme des réformes, que cette deuxième classe souhaiterait plus rapide, sur les privatisations (65 % de la deuxième classe les jugent favorablement, alors que l'opinion des « sociaux-libéraux » est majoritairement négative), et sur l'immigration, thème sur lequel la première classe a une attitude bien plus ouverte que la seconde.

Globalement, un compromis entre ces deux classes – fondé sur la poursuite de la construction européenne et l'emploi des ressources publiques à la formation des jeunes et au maintien de la compétitivité des entreprises – apparaît tout à fait envisageable, l'obstacle majeur demeurant l'auto-positionnement très différent sur l'axe droite-gauche ; mais si l'offre politique se restructurait autour du thème européen, ces deux classes se retrouveraient assez spontanément alliées.

Le dépassement du clivage droite/gauche et l'établissement d'une alliance pro-européenne correspondraient ainsi au choix de l'unité sociologique autour des classes éduquées et aisées, sur la base d'un compromis néolibéral sur le plan économique. Ce nouveau compromis aurait l'avantage de prolonger le choix, fait de façon plus ou moins implicite par les partis au pouvoir jusqu'ici, en faveur de l'intégration européenne et des réformes structurelles. L'inconvénient est que la nouvelle alliance réunirait moins d'un quart de l'électorat (9 % pour la première classe, 13 % pour la seconde).

Cependant deux nuances doivent être apportées pour relativiser la portée d'un tel inconvénient. La première concerne le fait que notre analyse porte sur tous les citoyens ayant droit au vote. L'abstention massive et croissante des classes populaires, notamment des ouvriers et des employés, qu'on a constatée lors des dernières échéances, accroît mécaniquement le poids des classes bourgeoises sur le résultat du vote. Un quart de l'électorat peut se traduire dans un pourcentage bien plus élevé des voix exprimées si environ 60 % des classes populaires continuent de s'abstenir. Cela dit, il est impossible de savoir aujourd'hui si l'attitude *exit* restera dominante parmi les classes populaires, car cela dépend de l'offre politique qui leur sera proposée.

La seconde considération touche aux capacités d'expansion du bloc bourgeois au-delà de son noyau dur. Les autres classes identifiées dans notre analyse de 2012[113] se différencient entre elles par les attentes portant sur la politique économique, par la position sur les thèmes sociétaux et l'immigration, et par l'autopositionnement sur l'axe droite/gauche. Outre la présence d'une composante populaire importante, elles ont cependant en commun de porter une forte demande de baisse du chômage et de hausse du pouvoir d'achat. Le bloc bourgeois fait ainsi face à plusieurs possibilités d'élargissement : il peut, sans remettre en cause le compromis européiste et néolibéral qui le fonde, s'ouvrir soit vers la « gauche », en marquant l'accent sur sa dimension culturellement progressiste, soit vers la « droite », en durcissant les politiques sur l'immigration et la protection sociale. Mais toute tentative d'élargissement du bloc bourgeois ne pourra réussir qu'à condition que les « nécessaires » réformes soutenues par son noyau dur produisent la baisse du chômage et la hausse du pouvoir d'achat attendues par les autres composantes de la société française.

Tout compte fait, l'obstacle le plus sérieux à l'émergence d'un bloc bourgeois en France est la structuration de l'offre politique. Les variables de médiation entre les groupes susceptibles d'intégrer le noyau dur du bloc existent et sont facilement identifiables : elles correspondent à la poursuite de la construction européenne et des réformes structurelles qui l'accompagnent. Ces groupes, bien que sociologiquement minoritaires, constituent une base politique suffisamment solide pour que le bloc devienne dominant, surtout si les réformes néolibérales produisaient la croissance et la baisse du chômage tant attendues par une grande partie de la population. Ce qui empêche le bloc bourgeois d'émerger, c'est la structuration traditionnelle de l'offre politique autour du clivage droite/gauche. On comprend donc que, dans la stratégie des leaders politiques qui visent l'émergence du bloc bourgeois, le dépassement des appartenances politiques en termes de « droite » et de « gauche » devienne décisif.

LA FRANCE SUR LES TRACES DE L'ALLEMAGNE ?

Bien que rassemblant des groupes sociaux autrefois agrégés aux blocs de gauche et de droite, le bloc bourgeois ne peut être tenu pour un projet « centriste » car, sur nombre de questions de politique publique, il se caractérise par des positions qui ne sont guère « modérées ». Si la question européenne venait à remplacer le clivage droite/gauche comme axe principal de différenciation de l'offre politique, la stratégie correspondante au bloc bourgeois pourrait être qualifiée d'« extrême » ; en tout cas, elle ne laisserait pas de marges de médiation sur la nécessité de prolonger l'expérience de l'Union européenne dans le cadre des traités qui ont été signés, ni sur celle de certaines réformes institutionnelles, notamment celles concernant différents aspects du rapport salarial. Le modèle de capitalisme correspondant au bloc bourgeois résulterait d'une volonté de mettre en œuvre un modèle « social-néolibéral » fondé sur des changements structurels sur le marché du travail et le marché des biens et services, que la participation à la construction européenne pourrait à la fois impulser et légitimer.

Il n'est alors pas étonnant d'avoir vu, en France, resurgir le « modèle allemand » comme idéal à poursuivre depuis la victoire électorale du PS et de François Hollande en 2012 ; car il incarne l'effort pour surmonter les contradictions que portent les tentatives de réformer dans un sens néolibéral le marché du travail et la protection sociale dans un modèle de capitalisme de type continental européen où les réglementations dans ces domaines sont cruciales pour les équilibres sociopolitiques et la performance économique. L'Allemagne, gouvernée par une coalition SPD-Verts de 1998 à 2005, a réformé profondément, entre autres, le marché du travail et la protection sociale[114] tout en conservant, pour l'instant, les éléments clés de sa compétitivité économique, ce qui lui permettait au début des années 2010 d'afficher des performances en matière de chômage, de commerce extérieur, voire de croissance plus satisfaisantes que le reste des pays de la zone euro[115]. Dès 2013, le président Hollande faisait l'éloge de ces réformes : « Le progrès, c'est aussi faire des réformes courageuses pour préserver l'emploi et anticiper les mutations sociales et culturelles comme l'a montré Gerhard Schröder. On ne construit rien de solide en ignorant le réel[116]. »

La solution au problème apparemment insoluble de concilier des réformes néolibérales avec les fondements de la compétitivité d'un capitalisme non libéral a été, en Allemagne, de créer un véritable dualisme entre un cœur de salariés dont les compétences sont centrales pour la compétitivité du modèle et une périphérie dont les conditions d'emploi, de travail et d'accès à l'état social se sont dégradées sans que cela porte atteinte, tout au moins pour l'instant, aux mécanismes d'acquisition des compétences de la main-d'œuvre qui fondent la compétitivité industrielle. Pour simplifier, la préservation (partielle) du modèle continental européen pour une fraction des salariés et l'application d'un modèle néolibéral à une autre fraction de la population a permis l'allègement de la charge – notamment fiscale – que le second groupe faisait peser sur le premier, stabilisant, au moins pour l'instant, un tel clivage.

Ces transformations ont donc aidé à la constitution de l'équivalent d'un bloc bourgeois qui soutient, selon les élections, diverses coalitions associant sociaux-démocrates (SPD), conservateurs (CDU/CSU), libéraux (FDP) et Verts, coalitions qui mettent en œuvre des politiques répondant principalement aux demandes du cœur du salariat et négligent la plupart de celles des travailleurs du secteur secondaire ; ceux-ci ne voient leurs attentes prises en compte que par le parti de la « gauche de gauche » (Die Linke), qui est durablement exclu des coalitions gouvernementales, le SPD ayant, jusqu'en 2017 au moins, refusé avec constance toute perspective de coalition gouvernementale fédérale et même parfois locale avec lui.

Depuis 2012, la France a ainsi suivi le chemin emprunté par l'Allemagne au début des années 2000. Cette stratégie, qui fait appel au prétendu « réalisme » et aux exigences de compétitivité et de « modernisation » de l'économie, marque la rupture définitive de l'unité politique et sociale de la gauche : en toute logique, elle est en train de provoquer une restructuration profonde de l'offre politique française.

4

Recompositions politiques

RESTRUCTURATION DE L'OFFRE POLITIQUE, UNE CONSÉQUENCE DE LA CRISE POLITIQUE

Les acteurs politiques essaient de répondre sélectivement aux attentes sociales, en vue d'obtenir le soutien nécessaire pour accéder ou se maintenir au pouvoir. Dans la situation politique de la France des années 2010, la structuration traditionnelle de l'offre politique apparaît désormais comme un obstacle à la satisfaction d'un nombre suffisamment élevé d'attentes compatibles entre elles, et donc à la formation d'un bloc dominant. À droite, la demande d'une libéralisation du marché du travail et d'une forte baisse des impôts, portée par une partie des entreprises, des cadres du privé et des indépendants (commerçants, artisans), entre en contradiction avec la demande de protection qui vient d'une grande partie des salariés du secteur privé. À gauche, c'est la construction européenne – et les réformes néolibérales dont elle est porteuse – qui divise des groupes sociaux auparavant rassemblés dans un même bloc.

La fracture des anciens blocs sociaux a aujourd'hui trente ans : toutes les tentatives d'agréger une nouvelle alliance dominante à l'intérieur du système politique tel qu'il est structuré ont échoué. La montée de l'abstention, celle d'un parti se présentant comme « hors système » (le Front national), le résultat du référendum de 2005, les échecs électoraux systématiques des gouvernements sortants sont autant de conséquences d'une crise politique profonde. La recherche de nouvelles stratégies de médiation que le contexte de crise a encouragée produit à terme deux effets systémiques majeurs. D'une part, la structuration de l'offre politique a été progressivement contestée par une partie des acteurs politiques ; c'est ainsi que plusieurs stratégies (parfois opposées) se fondent désormais en France sur la dénonciation du clivage droite/gauche, qu'elles estiment « dépassé ». D'autre part, face à la difficulté de renouveler des alliances sociales ou d'en former de nouvelles sur la base des variables de médiation traditionnelles, les acteurs politiques ont eu tendance à attribuer un poids grandissant à de nouveaux enjeux, qui pourraient servir de matière pour des compromis sociaux inédits : cela explique que les thèmes de l'immigration, de l'identité nationale ou encore de la laïcité occupent dans le débat politique français une place au moins aussi importante que la fiscalité, la protection sociale ou le droit du travail.

Certes, on est pour l'instant au stade de l'exploration de voies nouvelles pour la médiation politique. Rien n'assure que l'une de ces stratégies sera gagnante et produira la formation d'un bloc dominant et la sortie de crise, d'autant plus que les thèmes économiques apparaissent toujours comme décisifs dans la définition des attentes sociales les plus répandues. Mais il ne fait pas de doute que la crise politique est en train d'engendrer une restructuration de l'offre politique française ; et on ne doit pas négliger les effets que la centralité de thèmes comme l'identité nationale ou la laïcité dans le discours politique (mais aussi médiatique) dominant pourraient avoir sur les demandes sociales. Il faut en effet se rappeler que l'offre et la demande politique sont doublement liées : à court terme, l'action politique répond aux attentes existantes, mais à plus long terme elle contribue à en orienter l'évolution, notamment en contribuant à définir l'espace du « possible » et du « raisonnable », contraintes que les individus et groupes sociaux vont progressivement intégrer dans l'expression de leurs attentes.

Deux dimensions de la restructuration de l'offre politique impulsée par la crise politique sont déjà bien visibles : l'éclatement de la gauche, en premier lieu sur la question européenne, et le nouveau positionnement du Front national.

L'ÉCLATEMENT DE LA GAUCHE SUR LA QUESTION EUROPÉENNE

Comme nous l'avons souligné, les divisions à gauche sur la poursuite et les modalités de la construction européenne, présentes dès les débuts de l'unification, ont éclaté au grand jour lors du référendum constitutionnel de 2005. Elles n'ont cessé de grandir depuis. Ces divisions ne concernent pas seulement les partis politiques, mais aussi les intellectuels de référence de la gauche. Si la production intellectuelle et idéologique « de gauche » est unanime sur le rejet d'une Europe néolibérale, les propositions s'opposent radicalement sur la route à suivre.

À titre d'exemple, on peut considérer l'ouvrage collectif *Changer l'Europe !*[117] signé par Les Économistes atterrés. Cette association regroupe un grand nombre d'économistes critiques qui « souhaitent vivement voir l'économie se libérer du néolibéralisme » et dont l'action consiste à proposer « des alternatives aux politiques d'austérité préconisées par les gouvernements actuels »[118]. Dans l'introduction à leur ouvrage collectif, on lit ainsi que « La construction européenne doit s'inscrire résolument dans une stratégie de consolidation et de développement du modèle social européen. L'Europe ne doit plus se donner comme objectif d'imposer aux peuples de se concurrencer par la baisse des dépenses sociales ». L'objectif est ambitieux et partagé, et les auteurs ont conscience que les « transformations des politiques suivies [...] ne peuvent se produire que si des ruptures d'ordre institutionnel sont apportées aux traités eux-mêmes». Mais de quelles ruptures institutionnelles parlent-ils ? Sur le contenu de la réforme des traités et sur l'avenir de la monnaie unique, les avis divergent.

Ainsi le dernier chapitre du livre, signé par Michel Dévoluy et Dany Lang, prône-t-il la solution fédérale : il s'agit d'opérer un transfert supplémentaire de souveraineté vers l'Union, dans le respect des procédures démocratiques, et de créer un véritable gouvernement européen choisi par le suffrage universel. L'introduction à l'ouvrage prévient que cette position est loin d'être partagée par l'ensemble des auteurs. Au contraire, « nombre d'entre eux doutent qu'aujourd'hui la solution soit de viser au renforcement du fédéralisme, fût-il "démocratique". Ils en doutent, d'abord parce que les rapports de force actuels ne permettent nullement d'envisager un tel tournant. Ces "Atterrés" pensent donc qu'il faut actuellement s'opposer à tout renforcement du fédéralisme et, pour un temps au moins, tâcher de redonner pouvoirs et marges de manœuvre aux États nationaux et aux peuples » (p. 20).

Transfert de souveraineté vers l'Union et fédéralisme « démocratique » ; opposition à tout renforcement du fédéralisme et retour à la souveraineté nationale : on peut difficilement imaginer points de vue plus distants. Il en va de même pour l'avenir de la monnaie unique. On peut lire dans l'introduction à *Changer l'Europe !*[119] que certains des auteurs de l'ouvrage en question considèrent que les dysfonctionnements de l'euro et les déséquilibres accumulés « rendent nécessaire d'envisager une dissolution de l'euro ou, du moins, une sortie de certains pays (ou groupes de pays) ». Pour ce sous-groupe d'Atterrés, le maintien de l'euro constitue « le plus sûr moyen de détruire le modèle social européen et de conduire l'Europe au déclin ». Au contraire, d'autres Atterrés pensent qu'une réforme du fonctionnement de la zone euro constitue la meilleure solution, car « l'éclatement de la zone marquerait un échec grave de la construction de l'Europe », ce qui se traduirait par la perte de capacité à influencer l'évolution économique mondiale et à promouvoir le modèle social européen (p. 21). On voit donc que, si l'objectif est le même (la défense du modèle social européen), les stratégies pour l'atteindre – fédéralisme et monnaie unique *vs* souveraineté nationale et sortie de l'euro – divergent radicalement.

Dans la galaxie des économistes critiques, les positions les plus claires (et les plus opposées) sont probablement celles de Jacques Sapir et d'Alain Lipietz. Pour Sapir[120], « les cadres politiques, les institutions, sont des créations de l'histoire et elles spécifient les espaces nationaux comme des espaces politiques particuliers. Ce sont dans ces espaces politiques particuliers qu'il nous faut trouver des solutions ». Sapir n'hésite pas à proposer un nouveau rassemblement politique « de l'extrême gauche jusqu'aux néogaullistes » et même, sous conditions, jusqu'au FN. Selon lui, le fédéralisme en Europe ne peut être qu'un projet antidémocratique car la construction de cadres légaux au-delà des nations, et donc au-delà du contrôle démocratique qui s'exprime en leur sein, a toujours signifié une régression sociale et politique : « Aujourd'hui, le projet européen avance à la même vitesse que le démantèlement de la démocratie non seulement en Europe mais dans chacun des pays membres. » Le rejet radical de la perspective fédéraliste va de pair avec la sortie de la France de la zone euro : « L'intérêt d'une sortie de l'euro est justement de mener une politique réellement différente, avec la combinaison de politiques industrielles et de politique des revenus [...], mais aussi des contrôles de capitaux et un financement d'une partie de la dette publique par la Banque centrale. »

À l'opposé, Alain Lipietz[121] considère qu'une issue reste possible pour l'Europe parce que « justement l'Europe a soixante ans d'expérience dans la construction d'un espace supranational. Elle a échoué, à la fin du siècle dernier, à se doter d'une gouvernance autrement que par les règles, d'une gouvernance politique et démocratique, mais rien n'empêche que la crise même la contraigne à sauter le pas. [...]. Un New Deal, mais qui soit un Green Deal. L'Europe a les moyens matériels et institutionnels de se doter d'un tel objectif, pour se sauver elle-même et contribuer à sauver la Planète. Mais cela demande un saut fédéraliste. Et c'est là sans doute le véritable obstacle : le manque de confiance en les autres, qui reflète le manque de confiance en soi ».

Entre ces deux extrêmes, on retrouve un spectre varié de points de vue comme celui, original, de Fréderic Lordon qui, hostile au projet fédéraliste et favorable à la sortie de l'euro, reproche cependant aux « tenants de la "souveraineté nationale" » de ne « guère [se poser] la question de savoir qui est l'incarnation de cette souveraineté »[122]. Il différencie « un souverainisme de gauche [qui] se distingue aisément d'un souverainisme de droite, ce dernier se concevant généralement comme souveraineté "de la nation", quand le premier revendique de faire droit à la souveraineté "du peuple" ». Cette distinction n'est pas que philosophique : elle a des implications majeures sur le profil de l'alliance sociale et politique qui pourrait se réunir autour de la rupture avec la construction européenne. Pour Lordon, le souverainisme de droite n'est « rien d'autre que le désir d'une restauration (légitime) des moyens de gouverner mais exclusivement rendus à des gouvernants qualifiés en lesquels "la nation" est invitée à se reconnaître – et à s'abandonner. Le souverainisme de gauche est l'autre nom de la démocratie – mais enfin comprise en un sens tant soit peu exigeant ». Puisque « l'imaginaire de la souveraineté nationale dans la droite française » n'est « toujours pas décollé de la figure de de Gaulle », on conçoit mal le rassemblement allant de l'extrême gauche à certains néogaullistes – et peut-être au Front national – que prône Sapir.

La position de Jacques Généreux est intéressante, ne serait-ce que parce que cet économiste a joué un rôle politique actif dans la gauche française en tant que cofondateur et secrétaire national à l'économie du Parti de gauche entre 2008 et 2013. Pour Généreux[123], il faudrait compléter l'euro par ce qui lui manque pour devenir une zone de progrès. C'est l'idée qu'« une autre Europe est possible », qui a pendant des années fonctionné comme horizon unitaire pour une gauche profondément divisée. Généreux fait mine d'y croire toujours car la France « est un des pays fondateurs de l'Union européenne et parce qu'elle est la deuxième puissance économique d'Europe », ce qui rendrait possible un « coup de force » de sa part.

Pour Généreux, un nouveau gouvernement (de gauche de gauche) proposerait un marché à ses partenaires européens fondé sur le constat (nécessairement partagé) que les politiques austéritaires ne peuvent plus être menées. Afin de pouvoir continuer à rester dans l'euro, il serait nécessaire de mettre en œuvre d'autres politiques économiques. Mais le cœur n'y est plus : « Le problème, c'est que ce scénario ne va pas arriver. Il est sérieux et crédible, mais il n'y a pas de majorité pour le porter. Pendant que cela ne se produit pas, ce sont les mouvements néoconservateurs, nationalistes [...] voire néonazis [...] qui récupèrent le mécontentement en Europe et prônent le repli. » Généreux constate que si « l'autre gauche » existe en Europe, elle ne progresse pas en raison du manque de clarté dans sa position sur l'euro : « Avant la crise, on pouvait dire aux électeurs : "Nous sommes des pro-européens, nous voulons refonder l'Europe, créer un rapport de force"... C'était audible. Mais plus maintenant. [...] Les Européens ont subi directement, pour certains d'entre eux, des politiques d'austérité imposées. [...] Aujourd'hui, il est donc compliqué de se présenter comme pro-européen : les gens vous rigolent au nez. » Dans ces conditions, que faire pour retrouver un discours simple et audible ? Généreux admet que toute la difficulté réside là. La menace de sortie de l'euro à destination des autres pays membres de l'Union européenne doit être crédible et assumée. Mais il souligne la difficulté politique de mettre en place cette tactique : « Ce n'est pas jusque-là le programme du Front de gauche, car le Parti communiste n'était pas prêt à aller jusque-là dans la désobéissance aux règles européennes. C'est pourtant la condition de la crédibilité de ce propos. Il faut sortir de l'ambiguïté : la priorité, ce doit être la mise en place d'une autre politique. Il vaut mieux sortir de l'euro pour mener une autre politique que renoncer à une autre politique pour sauver l'euro. Car, au final, nous ne voulons pas sauver l'euro, mais l'Europe. »

Sauvegarde de l'euro et saut vers un fédéralisme « démocratique », Green Deal européen, dernière tentative de négociation avec les partenaires européens avant de sortir de l'euro, rupture et retour à la souveraineté nationale mais en se différenciant clairement des « souverainistes de droite », ou encore projet d'une nouvelle alliance souverainiste qui aille de l'extrême gauche aux néogaullistes. Le moins que l'on puisse dire est qu'à gauche les projets sont multiples, ce qui ne serait pas un problème s'ils étaient compatibles. Mais ils ne le sont pas. En réalité, le seul facteur qui permette aujourd'hui d'utiliser la *gauche* (de gauche) comme catégorie analytique est le rejet de l'Europe néolibérale : mais « à gauche » il n'y a plus aucune perspective partagée sur la question européenne. Il n'y a aucun socle idéologique et théorique partagé : et on comprend dans ces conditions les difficultés d'une synthèse pour l'offre politique. Le slogan « Une autre Europe est possible » ne suffit plus à cacher l'éclatement de la gauche sur des questions pourtant fondamentales comme la monnaie, l'architecture institutionnelle, les rapports avec les autres pays européens.

À ces difficultés stratégiques s'en ajoutent d'autres, d'ordre directement politique. Le Parti communiste n'est entré ni dans les gouvernements de Jean-Marc Ayrault ni dans celui de Manuel Valls. Mais les communistes restent les alliés du PS dans nombre de régions, départements, communes. Si au niveau national le Parti communiste s'oppose à la stratégie de construction du bloc bourgeois conduite par le Parti socialiste, il demeure compliqué pour les électeurs de le considérer comme un opposant crédible si ce même parti est systématiquement l'allié électoral (et l'obligé) du PS. Cette situation a poussé Jean-Luc Mélenchon – en 2012 candidat à la présidentielle d'un Front de gauche auquel participait le PCF – à se demander « comment nous nous sommes rendus à ce point illisibles[124] ». La réponse de Mélenchon est liée justement à la tactique électorale du PCF : « L'exemple des municipales de Grenoble, où une partie du Front de gauche a choisi de couler avec le PS, est un miroir grossissant de la situation nationale. La technique des dirigeants du PCF – qui tantôt prônaient l'alliance avec le PS, tantôt se sont approprié le Front de gauche – a dissous notre message. »

Il demeure que ces incertitudes tactiques ne sont qu'une partie du problème, et sans doute pèsent-elles moins que l'absence de stratégie unitaire sur la question européenne, question pourtant décisive dans l'élaboration d'une offre politique audible. Nous avons souligné que des « réformes structurelles » (comprendre : la transformation néolibérale du modèle économique et social français) conformes aux attentes des partenaires européens – notamment de l'Allemagne – sont au cœur de l'action visant à construire un bloc bourgeois. Toute opposition à une telle stratégie demande d'avancer un projet alternatif. L'éclatement politique et intellectuel de la gauche sur la question européenne explique son impuissance à occuper l'espace social et électoral d'opposition au bloc bourgeois, projet auquel une partie de la gauche (non socialiste) pourrait finir par se rallier dans l'espoir de l'infléchir en atténuant la brutalité des réformes néolibérales.

Comme tant d'autres choses, la politique a horreur du vide. Le projet du bloc bourgeois, s'il répond à une partie des attentes sociales, crée un vaste espace d'opposition que la gauche a été jusqu'ici incapable d'investir. La possibilité de représenter les intérêts sacrifiés par le bloc bourgeois correspond donc à une opportunité politique que le Front national, pourtant *a priori* très mal placé pour se dresser en adversaire des réformes néolibérales, est en train de saisir.

LE TRANSFORMISME DU FRONT NATIONAL

Rien ne prédestinait en effet le FN à s'ériger en défenseur de la protection sociale et en adversaire des réformes néolibérales et de la construction européenne. François Ruffin et l'équipe de *Fakir* ont passé en revue « quarante années de discours du Front national » pour mettre en évidence le revirement opéré par ce parti[125].

Conformément à ses origines poujadistes, le Jean-Marie Le Pen du début des années 1970 défendait un discours (paléo-) libéral « arc-bouté sur la défense du petit commerce et de l'artisanat[126] ». Lors du lancement du FN, la question européenne figurait en bonne place dans le matériel de propagande du FN, mais pas comme on pourrait s'y attendre en entendant le discours actuel de la formation d'extrême droite. « Le FN d'alors défend avec passion l'unité européenne, Jean-Marie Le Pen allant jusqu'à envisager des “abandons limités de souveraineté” et, sur le plan militaire, “la coordination des forces françaises et britanniques" [127]. » La menace soviétique, il est vrai, conditionnait à l'époque fortement le discours d'extrême droite sur la nécessaire unité de l'Occident. Mais Pierre Bousquet (qui était le trésorier du FN) poussait très loin le discours sur l'intégration politique. Dans le numéro de décembre 1972 de sa revue *Militant*[128], il défendait l'idée d'une « fédération européenne pourvue d'un exécutif fédéral, d'un parlement fédéral, d'une justice fédérale, chaque État conservant la libre gestion de ses affaires internes et donc de son propre système politique ». Pendant une grande partie de son histoire, le FN demeura pro-européen. Ainsi, la *Lettre parisienne* du FN (printemps 1988) résumait-elle dans ces termes un meeting de Jean-Marie Le Pen : « Réunis au-delà des barrières de langage par une solide foi anticommuniste, les jeunes Européens de la "grande Europe" ont reçu pour objectif de se battre pour les libertés et plus particulièrement pour la liberté des peuples d'Europe de l'Est. » Dans son discours, Jean-Marie Le Pen « réclama la construction d'une Europe politique, économique et militaire », et son intervention « se termina dans un climat chaleureux, aux accents de l' "Ode à la joie" de la IXe Symphonie de Beethoven et aux cris de : "L'Europe, Le Pen, Liberté" ».

Comme le remarque Ruffin, Maastricht était à l'époque déjà en vue ; mais le FN conclut son meeting sur l'hymne officiel de l'Union européenne. C'est que, résolument libéral, le FN des années 1980 voyait dans l'Europe (comme d'autres depuis) un possible accélérateur des « nécessaires réformes ». Ainsi, dans le programme de Jean-Marie Le Pen, candidat à la présidentielle de 1988, pouvait-on lire : « Économie. Moins d'impôts, moins de bureaucratie. Pour une adaptation de notre économie à l'échéance européenne de 1992 par une réduction des charges fiscales et sociales (taxe professionnelle notamment) qui pénalisent les entreprises françaises face à leurs concurrentes étrangères et par une remise en cause de l'impôt sur le revenu qui décourage l'activité et l'initiative économiques. Comment? En imposant une cure d'amaigrissement à l'État.»

En même temps, c'est dans l'Europe que reposaient les espoirs frontistes d'une protection contre les effets jugés néfastes de la mondialisation: «Pour une Europe européenne, protégeant ses frontières de l'immigration du tiers-monde et des importations sauvages menaçant ses entreprises», déclamait un tract FN de 1988. Libéral sur le plan intérieur, le FN n'a jamais été libre-échangiste. Mais la protection contre les «importations sauvages» en provenance des pays à faible coût de main-d'œuvre devait se faire, selon le FN de l'époque, aux frontières européennes.

Le tournant sur l'Europe date du début des années 1990. D'une part, l'effondrement du régime soviétique ne justifie plus le recours à l'Europe comme rempart contre le «bolchevisme». D'autre part, l'alignement d'une grande partie de la gauche sur des positions pro-européennes laissait libre l'espace pour représenter les intérêts sacrifiés par la construction de Maastricht. Jean-Marie Le Pen, en pur animal politique, ne tarda pas à en profiter. Ainsi, dès 1992 il déclarait: «L'Europe de Maastricht, c'est l'Europe cosmopolite et mondialiste. [...] Maastricht, c'est encore plus d'impôts, c'est la ruine de l'agriculture française, c'est la dictature des multinationales, c'est la disparition du franc au profit d'une monnaie unique. [...] Parce que nous ne voulons pas d'une Europe des banquiers, non à Maastricht[129].» Soutien de l'intégration européenne jusqu'à la fin des années 1980, le FN s'assura un quasi-monopole de la lutte contre «l'Europe de Bruxelles» dans les années 1990. Et c'est donc en continuité avec cette véritable volte-face que Marine Le Pen peut aujourd'hui condamner «l'Europe de Bruxelles [qui] a imposé partout les principes destructeurs de l'ultralibéralisme et du libre-échange, au détriment des services publics, de l'emploi, de l'équité sociale. Restaurer la souveraineté nationale, cela signifie d'abord sortir du carcan étouffant et destructeur de Bruxelles dans lequel on nous a enfermés malgré nous[130] ».

Le virage sur l'évaluation des effets des politiques néolibérales est en réalité bien plus tardif mais peut-être encore plus brutal que celui sur l'Europe. Pendant de longues années, le FN s'est différencié d'une droite de tradition gaulliste par sa position ultralibérale. À l'occasion de la campagne électorale pour les législatives de 1981, Jean-Marie Le Pen déclarait[131] : « Le socialisme c'est au départ l'État providence, puis l'État patron pour finir par l'État kapo. C'est la multiplication des bureaucrates, des fonctionnaires, des contrôles, des formalités, de la fiscalité, c'est la ruine des entreprises écrasées sous le poids des charges et des impôts et menacées par la dictature des banques étatisées et des syndicats révolutionnaires », et en vue des européennes de 1984 il insistait : « Pour reconstruire la France, il faut réduire le domaine de l'État, le nombre des fonctionnaires, les dépenses publiques. » Les modèles à suivre étaient Ronald Reagan et Margaret Thatcher : « Il faut désengager l'État partout où on pourra le faire. Oui, moins de fonction publique ! Moins d'entreprises nationalisées ! Là où il y aura moins d'État, les Français seront toujours gagnants ! Je vous en supplie : supprimons toutes les réglementations et laissons jouer la libre concurrence. Nous en avons assez des contrôles ! Voilà que nous avons un espoir d'avoir un bol d'air libéral de libre concurrence », déclamait à l'époque devant l'Assemblée nationale François Bachelot, député FN.

Les intérêts à protéger, pour le FN de l'époque, étaient ceux des actionnaires : « Jusqu'où ira la représentation des salariés aux conseils d'administration ? s'interrogeait à l'Assemblée nationale le député frontiste François Porteu de La Morandière, le 29 avril 1986 ; 7 %, 20 %, 50 % des effectifs des conseils ? Aussi, votre texte, nous vous demandons de l'annuler afin de faire respecter le droit des actionnaires, pauvres actionnaires malmenés par des années de socialisme. [...] C'est votre devoir, et aussi votre intérêt, de respecter les droits des actionnaires, car sinon vous ne rendrez pas la confiance aux investisseurs, et si vous ne permettez pas l'investissement, il n'y aura pas d'emplois. » En revanche, on ne peut pas dire que la protection sociale était au cœur des préoccupations frontistes. En 1986, Jean-Marie Le Pen invitait à imiter les États-Unis, et en particulier à remettre en cause « notre système de protection sociale, dont le coût ne cesse de grimper vertigineusement[132] ».

Bruno Mégret appuyait dans ces termes le programme de privatisations présenté par le gouvernement Chirac : « Nous approuvons pleinement les principes d'une privatisation de grande envergure comme celle que vous nous proposez. C'est la première amorce, depuis la guerre, d'un recul de l'État et du socialisme. Que l'État se consacre d'abord à ses missions premières et que l'économie redevienne l'apanage de la société civile ! Mais si l'État ne doit plus produire de télévisions, garer d'espaces publicitaires, on ne voit pas pourquoi il devrait, après 1991, continuer à fabriquer des automobiles et à produire des rails de chemin de fer. » Et il ajoutait : « Faire refluer l'État, redonner confiance aux acteurs économiques, responsabiliser les citoyens, voilà des ambitions auxquelles nous souscrivons pleinement. Elles sont nôtres. Nous avons toujours défendu la libéralisation de l'économie comme l'un des préalables au renouveau de notre pays. La France s'est engluée trop longtemps dans la perversion de l'étatisme. La perte de compétitivité, la faiblesse de notre industrie, les carences de sa pénétration sur les marchés extérieurs, toutes nos difficultés – dont la plus cruelle, nos trois millions de chômeurs – sont la preuve irréfutable de l'échec des recettes interventionnistes, socialistes ou sociales-démocrates. »

À l'Assemblée nationale, Jean-Marie Le Pen est catégorique : « Permettez-moi d'emprunter au président Reagan cette phrase qui fit balle au moment de sa première campagne électorale : "Je veux que l'État descende de mon dos et qu'il sorte sa main de ma poche." » Ainsi, Le Pen demandait tout simplement « la suppression, étalée sur cinq ans, de l'impôt sur le revenu » (23 avril 1986), une réduction de l'impôt sur les sociétés à l'image de celle décidée par l'administration conservatrice aux États-Unis, et la suppression immédiate de l'impôt sur la fortune (« Tout a déjà été dit sur le caractère nocif de cette imposition qui a bien plus coûté à l'économie et à l'État qu'elle n'a rapporté au Trésor. Mais pourquoi attendre 1987 et ne pas le supprimer immédiatement ? »). De même, le chef de file du FN critiquait pour sa sévérité l'amnistie fiscale voulue par le gouvernement Chirac : « Une amnistie crédible aurait consisté à ne pas exiger le paiement d'une pénalité et à prévoir l'absence de reprise pour les quatre exercices précédant la date du rapatriement » (15 juin 1986).

Les positions du FN sur l'État et la fiscalité resteront ultralibérales tout au long des années 1990. Ainsi, en 1995 le parti promet que, s'il parvient au pouvoir, « l'impôt sur le revenu sera supprimé en sept ans », alors que « le taux normal de TVA sera majoré d'un point pour une durée de trois ans, les sommes ainsi collectées étant affectées intégralement à la réduction de la dette de l'État ». Et plus tard encore, en 2004, c'est Marine Le Pen qui réclame un « abaissement massif des charges pesant sur les ménages et les entreprises » et propose « une grande réforme fiscale allégeant le fardeau des impôts, taxes et cotisations étouffant nos entreprises, les familles et les Français », réforme qui devait prévoir, une fois de plus, « la suppression de l'impôt sur les revenus ».

Mais voilà, quelques années après, la même Marine Le Pen se propose de « rebâtir l'État » – car c'est la « condition première de la justice» – en lui rendant «l'autorité, la neutralité, une conscience nationale et les moyens de fonctionnement et de modernisation dont il a besoin»[133]. Dans cette démarche, «La priorité sera de rendre plus progressif, sans l'alourdir, l'impôt sur le revenu des personnes physiques par la création de nouvelles tranches intermédiaires. La tranche supérieure de l'impôt sur le revenu sera portée à 46 %. Ainsi, les classes moyennes paieront moins l'impôt sur le revenu, mais les foyers très aisés le paieront davantage»; «La taxe d'habitation, opaque, sera intégrée à l'impôt sur le revenu, plus juste, sous la forme d'une taxe additionnelle, qui sera aussi progressive que l'impôt sur les revenus. La fiscalité des dividendes sera revue pour que les revenus du capital ne soient pas favorisés par rapport aux revenus du travail. Un impôt progressif unique sur le patrimoine sera créé, fruit de la fusion entre la taxe foncière et l'impôt sur la fortune (ISF), sur des bases rénovées assurant la justice fiscale»[134].

On voit donc que le FN de Marine Le Pen a opéré un retournement complet par rapport aux positions qu'il mettait en avant quelques années auparavant. Des «pauvres actionnaires» à une fiscalité plus sévère sur les dividendes; de l'abolition de l'impôt sur les revenus à sa plus forte progressivité; d'une Sécurité sociale symbolisant «l'habitude de l'irresponsabilité chez le citoyen assisté, et, chez l'État, le goût de s'immiscer partout sans rien faire de bien[135]» à la défense de la protection sociale contre les réformes néolibérales; de l'État «ruine des entreprises» à la nécessité de lui redonner «les moyens de fonctionnement» car c'est la «condition première de la justice».

De même, encore en 2006, Jean-Marie Le Pen critiquait dans ces termes les manifestations contre le CPE: «Je crois que les gens qui veulent travailler trouveront des employeurs, que les employeurs qui veulent embaucher embaucheront les gens qui sont dignes d'être embauchés, et s'ils jugent à l'exercice qu'ils ne sont pas capables d'assumer la tâche dans laquelle ils ont été placés, eh bien, ils sont obligés de s'en séparer. » Alors que seulement six années plus tard, sa fille jugeait que « La multiplication du travail à temps partiel contraint et le développement incontrôlé des contrats à durée déterminée jettent une partie du salariat dans une précarité financière... Le choc de précarité n'est pas une fatalité[136] ! »

Comme l'écrit François Ruffin, « Ça donne le tournis, quand même, d'entendre Marine Le Pen vilipender "les dogmes de l'ultralibéralisme", "le règne déchaîné de l'argent-roi", "les super-riches qui vendent notre travail, notre patrimoine", moquer un "président qui ne doit pas être le gouverneur d'un protectorat américain" ou vanter "le rôle régulateur de l'État en matière économique", alors que le Front national fut le plus acharné à le casser, ce "rôle régulateur de l'État", le plus zélé à le louer, ce "modèle américain", le plus fanatique à les encenser, ces "dogmes de l'ultralibéralisme" [137] ».

Le « nouveau FN » de Marine Le Pen s'est donc construit en partie sur un changement radical, et plus ou moins sincère, sur les thèmes qui étaient les plus présents du temps où Jean-Marie Le Pen dirigeait la formation d'extrême droite. Comme le fait remarquer Cécile Alduy[138], le discours contemporain du FN a mis de côté les marqueurs lexicaux de l'extrême droite qu'étaient l'antisémitisme et le racisme biologique explicite ; mais ce changement de lexique s'est accompagné « d'un savant dosage entre triangulation vers la gauche sur les questions économiques et républicaines, et fidélisation de sa base sur les questions identitaires et culturelles ».

Utilisé à destination des classes salariées les moins aisées, ce discours a-t-il porté ses fruits ? Si on se fonde sur les résultats de *L'Enquête électorale française : comprendre*

2017, réalisée pour le Cevipof par Ipsos Steria du 20 au 29 novembre 2015 (https://www.enef.fr/), les intentions de vote pour les listes FN au premier tour des régionales de 2015 donnaient les chiffres suivants : d'une part ouvriers 46 %, employés 41 % ; et d'autre part professions indépendantes 35 %, agriculteurs exploitants 33 %. Ces chiffres semblent indiquer que l'objectif est en partie atteint, mais ils sont à pondérer par les taux d'abstention. Autre élément significatif, le vote FN aux élections régionales a été fort chez les salariés du privé (35 %), mais aussi – et le phénomène est davantage nouveau –, chez les salariés du public (30 %). On note aussi que le FN reste comparativement faible dans les catégories les plus aisées : les cadres supérieurs qui votent FN ne représentent que 18 % de la catégorie ; les bac + 4 (ou plus), 15 % ; et les personnes dans un foyer au revenu mensuel supérieur à 6 000 euros, 19 %.

Il y a donc bien un biais « populaire » dans le soutien électoral du FN. Mais il n'est pas évident de le relier à la volte-face réalisée par ce parti sur les questions économiques[139], volte-face plus ou moins hésitante d'ailleurs si on considère plus attentivement les déclarations relativement ambiguës de Marine Le Pen sur tel ou tel aspect, en particulier la sortie de l'euro. Interrogée par un journaliste sur cette dernière éventualité en cas de victoire du FN en 2017, la présidente de ce parti répondit : « Il n'a jamais été question de cela[140]. » De même, surgit périodiquement l'idée de « réorienter » les propositions économiques du FN en direction des PME-TPE afin de mordre plus franchement sur l'électorat aisé.

L'analyse de l'enquête électorale de 2012[141] révèle clairement la proximité entre le soutien électoral du FN et celui d'une droite libérale plus traditionnelle. Les raisons de la sympathie à l'égard du FN rejoignent celles qui font apprécier les partis de droite traditionnels (et, bien sûr, s'opposent à celles qui font pencher le cœur vers les partis de gauche) : piètre opinion des efforts des chômeurs pour trouver un emploi, hostilité à l'égard des immigrés, manque de soutien aux efforts éventuels du gouvernement en vue de réduire les inégalités, etc. Les soutiens du FN apparaissent en fait très proches des soutiens des partis de droite dits « républicains ».

Le discours frontiste est indéniablement différent de celui des années 1980, mais la base électorale du parti semble s'être élargie sans se transformer ; contrairement à ce que laisserait imaginer la rhétorique de certains de ses dirigeants, les attentes d'une rupture « thatchérienne » y sont toujours très présentes.

DANS LE NOUVEL ESPACE, HUIT PROJETS POLITIQUES

La crise politique consécutive à la fracture des anciennes alliances sociales a donné un nouvel élan au vieux projet de construction d'un bloc bourgeois. La force prise par ce projet a introduit un nouveau clivage[142] dans l'offre politique française : d'un côté les soutiens à l'Union européenne et aux réformes qu'elle demande, de l'autre ceux qui souhaitent le retour à la souveraineté nationale et la sortie de l'euro.

Cependant l'opposition traditionnelle entre une gauche et une droite politique demeure. Non seulement parce qu'elle structure encore très largement l'offre politique française, mais aussi parce que le nouveau clivage est très loin de représenter la totalité des réactions sociales aux réformes néolibérales[143]. Il est clair en effet que le pôle « européiste », occupé par le bloc bourgeois, est favorable à la transition vers le modèle néolibéral ; mais le pôle « souverainiste » n'a aucune position tranchée sur ce thème, et on pourrait même affirmer que la position favorable à la transformation néolibérale du capitalisme français y est dominante. L'histoire du Front national s'enracine dans l'ultralibéralisme, et son transformisme récent ne doit pas faire oublier que la grande majorité de ses cadres reste favorable aux réformes néolibérales. De même, le programme de Nicolas Dupont-Aignan, candidat « souverainiste » à la présidentielle de 2017, est sur les thèmes économiques très clairement d'inspiration libérale[144]. Sous l'intitulé « Libérer les forces vives de l'industrie française », on y retrouve par exemple la nécessité de « réformer l'État pour limiter le gaspillage et la dispersion de l'argent public », celle de « cesser d'alourdir la dette pour les générations futures », et encore l'idée de « simplifier le maquis légal et réglementaire et réduire les charges sociales » ou celle d'« assurer une totale équité entre salariés du privé et salariés du public ».

Si l'offre politique se restructurait entièrement autour du clivage européistes/souverainistes, les nombreux intérêts sociaux sacrifiés par les réformes néolibérales se retrouveraient donc largement sous-représentés ; ce qui permet d'imaginer que le clivage droite/gauche hérité du passé n'est pas près de disparaître.

On peut tenter de projeter l'offre politique française sur deux axes, sans prétendre pour cela que les dimensions de l'espace de l'offre politique se réduisent à deux. En effet, suite aux travaux de politistes tels que Herbert Kitschelt, il est, hélas, devenu un peu trop courant de représenter l'espace politique comme un espace obligatoirement à deux dimensions[145]. La première correspondrait au traditionnel clivage gauche/droite sur les questions de politique économique ; la seconde dessinerait une opposition de nature culturelle ou « sociétale », équivalant aux différenciations sur la conception « autoritaire » ou « libérale » des questions dites « de société ». L'exercice conduit dans cette section ne procède pas de la même logique. Il s'agit plutôt d'envisager les décompositions/recompositions possibles à l'intérieur d'un espace politique en évolution, à partir de deux clivages qui nous semblent essentiels pour expliquer les transformations en cours de l'offre politique. De plus, les clivages que nous avons identifiés, bien qu'ayant une dimension « culturelle » (ou idéologique), portent tous les deux sur la politique économique et institutionnelle.

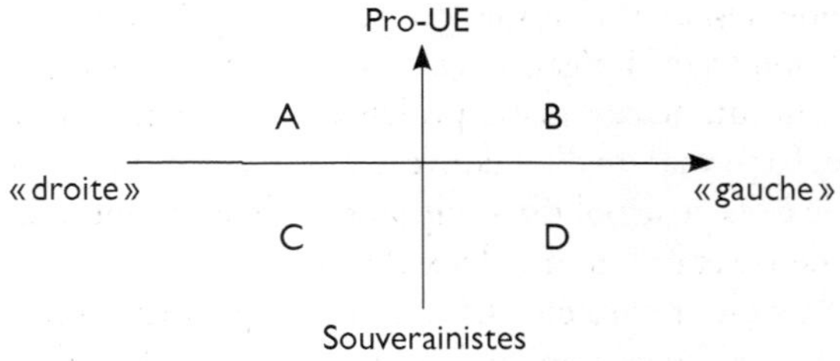

Figure 5. Le nouvel espace de l'offre politique.

Les deux axes de différenciation de l'offre politique représentés dans la figure 5 permettent tout d'abord d'identifier quatre regroupements homogènes.

La position des néolibéraux pro-UE (A) est celle des Républicains. Elle correspond aux programmes affichés lors des primaires par Alain Juppé, François Fillon ou Bruno Le Maire[146].

Le cadran de la gauche pro-européenne (B) correspond au positionnement traditionnel du Parti socialiste et de ses satellites. Cependant, comme on l'a vu précédemment, la difficulté de concilier des politiques marquées à gauche et le respect des traités européens, de même que la fracture du bloc de gauche qu'elle provoque, ont poussé le Parti socialiste a réorienter sa stratégie vers la construction d'un bloc bourgeois, ce qui implique un repositionnement du PS dans l'espace politique.

Le programme de Dupont-Aignan correspond à un pôle souverainiste et libéral (C) : c'était aussi la position du Front national version Jean-Marie Le Pen.

Jean-Luc Mélenchon, de façon plus marquée après la rupture de son alliance avec le Parti communiste, a eu tendance à occuper l'espace de la gauche « souverainiste »[147] (D).

La fragmentation de l'offre politique liée à l'opposition européistes/souverainistes, qui se greffe sur l'affrontement traditionnel droite/gauche, a cependant pour conséquence que chacun de ces quatre projets est socialement minoritaire. La formation d'un nouveau bloc social dominant et la sortie de la crise politique supposent d'établir une alliance qui dépasserait l'un des deux clivages.

Aux quatre projets qu'on pourrait qualifier d'« identitaires », car correspondant à des cases bien identifiées de la figure 5, s'en ajoutent quatre autres, qui se fondent sur des compromis reposant sur un clivage et minorant l'autre.

Le premier projet d'alliance est celui du bloc bourgeois (A + B). Il se fonde sur le « dépassement » (ou plutôt l'abolition) du clivage droite/gauche, et fait du soutien à l'Union européenne la dimension dominante de son offre politique. Comme nous l'avons souligné dans les chapitres précédents, ce projet est le produit d'une longue élaboration idéologique, et il est cohérent à la fois du point de vue des politiques publiques qui le fondent (les prétendues « réformes nécessaires » d'empreinte néolibérale) et du point de vue de sa base sociale, dans laquelle seraient réunies les catégories moyennes et hautes, auparavant ralliées aussi bien au bloc de droite qu'au bloc de gauche. Le bloc bourgeois est socialement minoritaire[148] ; mais il peut compter sur la dispersion et sur l'abstentionnisme des classes populaires pour s'imposer. Sous l'impulsion de François Hollande, ce bloc s'est affirmé comme la perspective la plus largement partagée au sein du

Parti socialiste. Cependant la persistance du clivage droite/gauche et la rente électorale liée au « vote utile » qu'il implique empêchent le Parti socialiste d'afficher sa stratégie.

Paradoxalement, c'est donc un candidat non inscrit au PS – mais longtemps ministre de l'Économie du gouvernement socialiste – qui énonce le plus clairement la rupture des anciennes alliances et la nécessité d'en nouer des nouvelles. À partir de 1983-1984, déclare Emmanuel Macron sur France Inter, le 4 septembre 2016, il y a eu un « schisme au sein des gauches » ; « il y a aujourd'hui une gauche du réel qui veut que les choses changent [...] et il y a une gauche statutaire conservatrice [...]. Je suis de cette gauche du réel, ma filiation politique c'est Mendès France, c'est Michel Rocard ». Les deux gauches sont, pour Macron, irréconciliables. La « seule possibilité » est une alliance entre la « gauche du réel » et une partie de la droite : « Il y a dans cette gauche du réel une volonté [...] de retrouver la force du roman national, de le construire à travers une politique européenne plus ambitieuse, [...] à travers des réformes en profondeur dans le pays. Cette gauche du réel, elle a à parler avec les centristes, elle a à parler avec la droite qui partage ces valeurs-là, parce qu'il y a une droite qu'on aurait qualifiée d'orléaniste, de libérale française, qui est beaucoup plus proche de cette gauche du réel qu'elle ne l'est de Nicholas Sarkozy ou des conservateurs de droite. » Le Premier ministre PS Manuel Valls avait fait des déclarations similaires auparavant[149], mais avait modifié son attitude à l'approche de l'élection de 2017[150].

Symétrique et opposée à l'édification d'un bloc bourgeois est celle d'un bloc souverainiste (C + D), qui suppose à son tour de dépasser, du moins temporairement, le clivage droite/gauche en vue de la sortie de l'euro et (éventuellement) celle de l'Union européenne. L'économiste Jacques Sapir n'a pas ménagé ses efforts pour promouvoir un « Front » de ce type : « À partir du moment où l'on se donne comme objectif prioritaire un démantèlement de la zone euro, une stratégie de large union, y compris avec des forces de droite, apparaît non seulement comme logique mais aussi nécessaire[151] », écrit-il. Et de spécifier : « À terme, la question des relations avec le Front national, ou avec le parti issu de ce dernier, sera posée. Il faut comprendre que très clairement, l'heure n'est plus au sectarisme et aux interdictions de séjours prononcées par les uns comme par les autres[152]. »

Mais quel serait l'horizon d'une alliance souverainiste, que se passerait-il une fois atteint l'objectif de la sortie de l'euro ? Selon Sapir, le gouvernement issu du Front souverainiste devrait mettre en œuvre un programme « non seulement pour démanteler l'euro mais aussi pour organiser l'économie le "jour d'après". Ce programme implique un effort particulier dans le domaine des investissements, mais aussi une nouvelle règle de gestion de la monnaie, ainsi que de nouvelles règles pour l'action de l'État dans l'économie. De plus, ce programme impliquera une nouvelle conception de ce que sera l'Union européenne et, dans le cas de la France en particulier, une réforme générale du système fiscal. On glisse alors, insensiblement, d'une logique de sortie, ou de démantèlement, de l'euro vers une logique de réorganisation de l'économie[153] ». La cohérence du projet se joue justement sur ces politiques du « jour d'après », particulièrement ambitieuses. Pour Sapir, la sortie de l'euro s'apparente à l'ouverture d'une porte : « il ne sert à rien de faire la fine bouche sur qui l'ouvrira. » On comprend que, sans craindre la contradiction, il écrive qu'une fois « la porte ouverte, la question de la direction que l'on prendra se pose, et c'est là que les différences entre "gauche" et "droite" reprendront tout leur sens[154] » : si le dépassement (temporaire) du clivage droite/gauche est fonctionnel à son projet politique, Sapir sait bien que les divergences entre les souverainistes, notamment en matière de politique économique, sont profondes.

Le problème est que le projet de Sapir, on vient de le voir, ne se limite pas à la sortie de l'euro : pour que celle-ci produise les résultats espérés, il faut qu'elle soit suivie des ambitieuses politiques du « jour d'après ». Comment les différences entre gauche et droite pourraient-elles ne pas jouer sur la redéfinition du rôle de l'État, sur les programmes d'investissement public, sur les nouvelles règles monétaires, sur les rapports avec les pays de l'UE ou sur le signe de la réforme fiscale, bref sur la « réorganisation de l'économie » que Sapir estime nécessaire à une gestion réussie du retour à la souveraineté monétaire ? Il n'est pas difficile de prévoir que, face à ces questions, le Front souverainiste exploserait dès la sortie de l'euro réalisée, et avant la mise en place du programme politique élaboré par Sapir. Confrontés à leurs divergences programmatiques et aux contradictions qu'elles engendrent, les artisans du front souverainiste (parmi lesquels, à côté de Sapir, il faut compter le libéral Nicolas Dupont-Aignan ou Florian Philippot, dirigeant du Front national) ont eu progressivement tendance à minorer les thèmes économiques et à mettre l'accent non seulement sur la souveraineté, mais aussi sur la laïcité ou l'identité nationale – notions sur lesquelles l'accord entre eux se fait bien plus aisément[155].

Ces considérations s'appliquent non seulement à un front entre plusieurs partis, qui – en particulier à cause du refus de Jean-Luc Mélenchon d'y participer – ne verra pas le jour ; mais aussi au nouveau positionnement du Front national. Sous l'impulsion de Marine Le Pen, le FN a essayé de se débarrasser de l'étiquette d'extrême droite et de constituer un front souverainiste à lui tout seul. « Nous ne sommes ni de droite ni de gauche[156] » est ainsi (re)devenu depuis plusieurs années le slogan d'un parti qui du point de vue économique combine tradition ultralibérale et nouvel interventionnisme keynésien, et trouve son unité sur les thèmes de l'identité française, de la souveraineté nationale et du rejet de l'immigration. Ce qui veut dire que les attentes de sa base sociale sont largement contradictoires : les demandes de défense de la protection sociale coexistent avec celles de son démantèlement, et l'unité du parti résisterait difficilement à une expérience de gouvernement.

Le troisième projet de « compromis » correspond à la réunification du bloc de gauche (B + D). Comme nous l'avons indiqué, la question européenne et surtout les transformations structurelles et la politique économique qu'elle implique font obstacle à la viabilité d'un tel projet. Le mot d'ordre d'« une autre Europe possible » est usé jusqu'à la corde et n'a plus d'efficacité politique. Seule la direction du Parti communiste paraît y être encore attachée[157], davantage pour des raisons électoralistes (renouveler l'alliance avec le PS) que par conviction stratégique. Cependant la reconstruction d'une alliance sociale de gauche est probablement l'horizon de Jean-Luc Mélenchon. Le candidat de « La France insoumise » a occupé d'abord l'espace de la gauche souverainiste : « La nation, affirme-t-il dans une interview à L'Humanité[158], est un mot qui appartient au camp progressiste. Il a été récupéré par la droite. J'appelle donc à une réflexion sérieuse et non pulsionnelle. En France, c'est la République qui fonde la nation, et non l'inverse. La nation fait partie de la stratégie révolutionnaire que je défends en tant que cadre dans lequel s'exerce la démocratie et comme point d'appui de la volonté populaire. » Un positionnement qui s'accompagne de la rupture de toute perspective d'alliance avec le Parti socialiste mais aussi, au moins le temps de la campagne électorale, avec le Parti communiste : selon Mélenchon, « Le rassemblement de la “gauche” empêcherait le peuple de se fédérer[159] ». La clarté de son positionnement lui a attiré des critiques virulentes[160], mais lui a aussi permis de monter rapidement dans les sondages.

On remarquera d'ailleurs que, conscient de la profondeur des fractures qui divisent l'ancienne alliance sociale de gauche, Mélenchon a essayé de se défaire de l'étiquette de candidat de gauche : il dit s'adresser au « peuple » au nom de « l'intérêt général humain ». Mais le refus très net de participer à un front souverainiste avec des candidats de droite et plus encore d'extrême droite[161], de même que la volonté de renégocier les traités européens avant d'en sortir[162] laissent imaginer une stratégie en deux temps : d'abord construire une nouvelle hégémonie sur la gauche, ce qui deviendrait possible s'il venait à dépasser le candidat socialiste au premier tour de la présidentielle, puis réunifier sur des bases nouvelles une alliance sociale de gauche, ce qui suppose soit une modification profonde des traités européens, soit une sortie de l'euro. L'horizon d'une telle stratégie dépasse évidemment l'échéance électorale de 2017, pour laquelle les chances de victoire d'un candidat appuyé par le traditionnel bloc de gauche semblent quasi nulles.

Il reste un dernier projet de « compromis », que pour l'instant personne ne propose ouvertement : la réunification du bloc de droite (A + C). Que ce programme ne soit énoncé par aucun candidat est le résultat de deux facteurs. D'une part la nouvelle stratégie du Front national, occupé à se positionner sur le pôle souverainiste en dépassant le clivage droite/gauche ; d'autre part l'héritage du « front républicain » et de ce qu'il implique, à savoir le barrage des partis dits « de gouvernement » contre le Front national. Il n'est cependant pas certain que ces deux facteurs joueront bien longtemps. Les contradictions dans le programme économique du Front national sont très fortes, et sa mutation récente pourrait relever uniquement du transformisme électoraliste de façade.

En ce qui concerne le « front républicain », il semble désormais porté seulement par le Parti socialiste alors qu'il n'est plus, pour une partie importante de la droite, qu'un souvenir du passé[163]. La fracture du bloc de droite est liée aux attentes contradictoires, au sein des groupes sociaux qui le composent, à l'égard des politiques de forte libéralisation du marché du travail, de baisse des impôts et des cotisations, de révision au rabais de la protection sociale ; elle traverse à la fois la base électorale du Front national et celle des Républicains, de sorte qu'à terme une recomposition de l'offre politique à droite ne paraît guère à exclure. Si la fracture à gauche sur la question européenne semble profonde et difficile à ressouder, la rupture à droite pourrait être dépassée par une évolution du Front national et des Républicains qui se retrouveraient sur des positions ultralibérales et eurosceptiques (en un mot : thatchériennes), en laissant la partie européiste de la droite républicaine au bloc bourgeois, et la fraction salariée de l'électorat populaire frontiste sans représentation ou éventuellement à un bloc de gauche renouvelé.

Une évolution de ce type, que la triomphale investiture de François Fillon comme candidat à l'issue de la primaire de la droite laisse pressentir, serait encore plus probable en cas de victoire du Front national lors de la prochaine présidentielle et d'une tentative plus ou moins sincère de sortie de l'euro. La formation d'un bloc social sous les enseignes d'un libéralisme conservateur et autoritaire, impulsée par le rapprochement entre Front national et droite « républicaine », nous semble un scénario vraisemblable compte tenu des rapports de force politiques en présence et de la configuration des attentes sociales exprimées.

5

Le modèle de capitalisme au cœur du conflit politique*

* Contrairement aux autres, ce chapitre a été écrit au printemps 2018, après les élections 2017.

« Celui-là est rarement vaincu, qui sait
mesurer ses forces et celles de l'ennemi. »

Machiavel, *L'Art de la guerre*

L'analyse de la crise structurelle française doit se faire en considérant quatre éléments liés : 1) les institutions qui définissent un modèle de capitalisme particulier ; 2) les alliances sociales, et en particulier le bloc social dominant, formé par les groupes qui valident la stratégie politique des partis au pouvoir et donc la configuration du modèle de capitalisme auquel elle mène ; 3) la structure politique et, en particulier, les acteurs politiques dominants et la stratégie qu'ils mettent en œuvre pour agréger, stabiliser ou modifier le bloc social dominant ; 4) enfin, la politique menée, notamment dans le domaine économique, pour répondre aux attentes de court/moyen terme de ce bloc dominant.

L'accession au pouvoir d'Emmanuel Macron se situe dans la prolongation d'une action politique qui a affecté ces quatre éléments. Depuis les années 1970, avec la présidence Giscard d'Estaing et l'action de Raymond Barre comme Premier ministre, la transformation du modèle de capitalisme français est placée sous le signe de la « néolibéralisation » ou, pour le dire rapidement, du démantèlement du modèle socio-économique qui prévalait pendant les « trente glorieuses »[164]. Ce mouvement a affecté la plupart des institutions sociales, mais la transformation ne s'est pas faite de manière linéaire ni continue. Certains domaines ont été profondément modifiés alors que d'autres, plus importants pour la stabilité du bloc dominant, n'ont été que marginalement touchés, jusqu'à la présidence Hollande tout au moins. Comme on l'a vu, cette transformation a conduit à la rupture des blocs sociaux traditionnels, de droite et surtout de gauche, en raison de l'écart croissant entre d'une part les attentes de certains groupes au sein de chaque bloc et d'autre part les politiques mises en œuvre. Cela a conduit à la recherche d'un bloc social alternatif, de manière impressionniste à droite, lorsque Valéry Giscard d'Estaing esquissait un projet de société pour « deux Français sur trois »[165], et de manière de plus en plus affirmée à gauche jusqu'à devenir pratiquement explicite sous le quinquennat Hollande. Cette recherche d'un bloc social alternatif passait par une redéfinition des alliances politiques, objectif affiché de certains au PS, au moins depuis l'espoir de Jacques Delors de voir se réaliser l'union des « sages de tous les camps »[166]. La politique économique suivie depuis la fin des années 1970, à l'exception des premiers mois de 1981, a été subordonnée à la désinflation et à l'ancrage nominal du franc au mark, puis à l'unification monétaire et à l'euro. Elle a elle-même contribué à la rupture des deux blocs sociaux traditionnels en agissant de manière complémentaire avec les évolutions des trois autres éléments.

La campagne présidentielle d'Emmanuel Macron s'est apparemment inscrite en rupture avec le jeu politique traditionnel. Certains éléments manifestent de fait un caractère de nouveauté : Macron n'avait aucun mandat électif avant celui conquis en 2017 à moins de quarante ans. Son mouvement politique, En marche, devenu La République en marche (LREM), n'a été fondé qu'à peine un an avant l'élection présidentielle, et est devenu majoritaire à l'Assemblée nationale, envoyant beaucoup de primo-députés sans aucune expérience politique au Palais Bourbon. Une partie du succès de Macron est certainement attribuable à cette impression de renouveau qu'il a su diffuser auprès de l'électorat et des médias. Pourtant, il n'est pas besoin de regarder très attentivement son parcours pour le situer immédiatement dans la continuité du mouvement de transformation du modèle français évoqué plus haut. Ancien rédacteur du « rapport Attali », Emmanuel Macron fut secrétaire général adjoint de la présidence de la république puis ministre de l'économie au cours du quinquennat Hollande. Il fut de fait l'inspirateur, le concepteur puis le superviseur de la politique économique et des « réformes structurelles » du mandat de Hollande, du CICE à la loi travail en passant par la loi portant son nom (la loi pour la croissance, l'activité et l'égalité des chances économiques dite loi Macron).

L'action du nouveau président prolonge la réorientation des alliances politiques commencée sous François Hollande et la mène pratiquement à son terme. Hollande visait le soutien du bloc bourgeois après s'être fait élire par le bloc de gauche. Macron, dès son entrée en campagne, a choisi délibérément de tourner le dos aux deux blocs traditionnels. Le parti socialiste sous Hollande essayait de concilier le soutien même partiel du bloc de gauche avec l'émergence d'un nouveau bloc social. Macron ignore le PS, maintenant marginalisé ; LREM peut se passer d'alliances politiques et ainsi prétendre à l'exclusivité de la représentation politique du bloc bourgeois. LREM ne recherche pas des alliances politiques avec les formations traditionnelles de gauche ou de droite mais leur éclatement et le ralliement d'une partie significative d'entre elles. Le bloc bourgeois est à la fois agrégé et représenté par Macron et LREM ; il soutient la politique de « réformes » néolibérales radicales et la politique économique « pro-capital » menée par le gouvernement. Face à l'orientation du nouveau pouvoir, et à l'action qu'il mène avec détermination et rapidité, les partis et mouvements d'opposition semblent encore en manque d'un cap stratégique clairement défini : ils s'appuient pour l'essentiel sur ce qui reste des anciens blocs de gauche et de droite, c'est-à-dire sur un ensemble hétérogène de groupes sociaux opposés sur de nombreux sujets essentiels, à commencer par la politique économique.

LA VICTOIRE DE MACRON ET DU BLOC BOURGEOIS

Emmanuel Macron a été élu président au printemps 2017, et cela à la surprise (feinte) de la grande majorité des analystes et commentateurs. Même si sa victoire est en partie la conséquence du choix, peu inspiré, de François Fillon comme candidat par les adhérents du parti conservateur Les Républicains[167], elle est de façon plus significative l'aboutissement de la dynamique sociale et politique que nous avons analysée dans cet ouvrage, une dynamique longue qui a débuté dans les années 1980. D'une part, la crise des alliances sociales de droite et de gauche, dont nous avons montré qu'elle est liée à des contradictions anciennes et profondes, s'est révélée au grand jour avec l'élimination au premier tour de la présidentielle du candidat des Républicains et de celui du Parti socialiste, Benoît Hamon. D'autre part, le quart des votants (24 %) qui ont permis à Macron de se classer en tête au premier tour correspond à une coalition sociale très proche du bloc bourgeois.

Une nouvelle base sociale

C'est le délitement des anciennes alliances qui explique que la base du nouveau pouvoir soit réellement « au-delà de la droite et de la gauche » : au premier tour de la présidentielle, ont voté pour Macron la moitié des électeurs qui en

2012 avaient choisi François Hollande (48 %) et François Bayrou (52 %), mais aussi 17 % des électeurs Sarkozy et même 10 % des électeurs de Jean-Luc Mélenchon[168]. Contrairement à ce qu'une intuition fort mal fondée mais assez diffuse pouvait laisser imaginer, la décomposition d'un paysage politique fondé sur l'opposition entre la droite et la gauche n'a pas produit un affaiblissement du lien entre appartenance de classe et comportement électoral mais son exact contraire. Les alliances sociales de droite et de gauche correspondaient à des compromis entre une fraction des classes bourgeoises et une fraction des classes populaires, ce qui n'est pas le cas du bloc bourgeois qui a précisément pour principe de réunir les classes moyennes et supérieures en excluant l'ensemble des catégories populaires.

Ainsi, au premier tour de la présidentielle Macron a obtenu son score le plus élevé parmi les cadres et professions supérieures (37 %) et le plus faible parmi les ouvriers (15 %) ; il a atteint 35 % parmi les électeurs ayant un diplôme universitaire de 2e ou 3e cycle, mais seulement 17 % parmi ceux qui n'ont pas le baccalauréat, catégorie dans laquelle il figure en quatrième position derrière Marine Le Pen (31 %), Jean-Luc Mélenchon (20 %) et même François Fillon (18 %). L'accentuation des clivages de classe lors de la dernière présidentielle est soulignée aussi, et avec force, par le vote en fonction du niveau du revenu : au premier tour, le score de Macron parmi les électeurs dont le foyer a un revenu inférieur à 1 250 euros était de 14 % ; il montait à 18 % dans la catégorie qui va de 1 250 à 2 000 euros, à 25 % de 2 000 à 3 000 euros pour atteindre 32 % au-delà de 3 000 euros. Si on pondère par le taux d'abstention (plus élevé dans les catégories populaires), le profil de classe de la nouvelle alliance sociale ressort encore plus nettement : Macron a obtenu le soutien de 10 % des électeurs dont le foyer a un revenu inférieur à 1 250 euros, alors qu'il a été choisi par 27 % des électeurs dont le revenu dépasse les 3 000 euros[169]. On retrouve un profil du même type dans l'électorat qui a choisi un candidat de La République en marche (LREM) au premier tour des législatives, à cela près que LREM a récupéré une fraction importante des votants qui avaient choisi Fillon à la présidentielle : selon les sondages, entre 21 %[170] et 30 %[171] des électeurs qui avaient appuyé le candidat de la droite à la présidentielle ont choisi de soutenir la nouvelle majorité dès le premier tour des législatives. Cela correspond en particulier à une adhésion massive des indépendants, qui en avril avaient choisi Macron seulement à 19 % et qui deux mois plus tard ont voté à 45 % pour un candidat LREM[172].

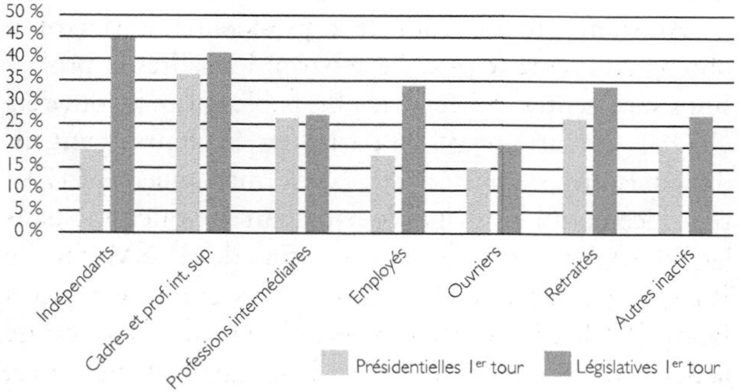

Figure 6. Vote Macron/En marche par CSP.

Un électorat unanime sur le soutien à l'UE, partagé sur les réformes néolibérales

Très clairement, l'élément qui a permis la formation de cette nouvelle alliance sociale est l'appréciation positive de l'intégration grandissante des marchés aux niveaux européen et international. Au premier tour de la présidentielle, Macron a obtenu le soutien de 39 % des votants se considérant parmi les « gagnants de la mondialisation »,

alors qu'il n'était qu'à 12 % parmi ceux qui se perçoivent comme des « perdants » (et à 31 % parmi ceux qui se disent « ni l'un ni l'autre »)[173]. Ainsi, presque trois électeurs sur cinq (57 %) du nouveau Président estimaient que la France devrait « s'ouvrir davantage au monde », alors que seulement 12 % pensaient qu'elle devrait « se protéger davantage »[174]. De même, les électeurs de Macron étaient les seuls à penser dans leur majorité (58 %) que « face à la concurrence des pays à bas salaires » la France devrait « accepter le jeu de la concurrence mondiale et jouer sur la qualité et la sécurité de ses produits », alors que tous les autres électorats choisissaient majoritairement la réponse alternative, « se protéger en instaurant des barrières commerciales à ses frontières »[175].

De façon cohérente avec une position largement favorable à l'ouverture à la concurrence et au libre-échange, la base sociale du nouveau pouvoir soutenait presque unanimement la participation de la France à l'Union européenne. Cette adhésion était majoritaire pour l'ensemble des Français (66 % des personnes interrogées considéraient l'appartenance de la France à l'UE comme « plutôt une bonne chose »), ce qui était aussi le cas pour chaque catégorie socio-professionnelle, avec un niveau qui variait cependant du soutien timide des ouvriers (56 %) et des indépendants (56 %) à celui, enthousiaste, des cadres et catégories supérieures (80 %). Mais le niveau de soutien de l'électorat Macron à la participation à l'Union européenne dépassait même celui des cadres pour atteindre 88 %[176].

Sans surprise, les électeurs qui ont choisi Macron au premier tour de la présidentielle faisaient preuve d'un optimisme quasiment unanime sur l'avenir de la France (87 %) de même que sur le leur et celui de leurs proches (80 %). L'électorat de Marine Le Pen, qui ne comptait sur ces thèmes que respectivement 29 % et 35 % d'optimistes, était à l'autre bout de l'échelle. La question sur l'attitude vis-à-vis de l'avenir donne un éclairage supplémentaire sur le nouveau profil de l'affrontement de classe que le délitement des anciens clivages a produit. D'une part, le degré d'optimisme n'a quasiment pas de corrélation avec l'axe droite/gauche ; d'autre part, il y a une corrélation très nette, et guère surprenante, avec le niveau du revenu[177].

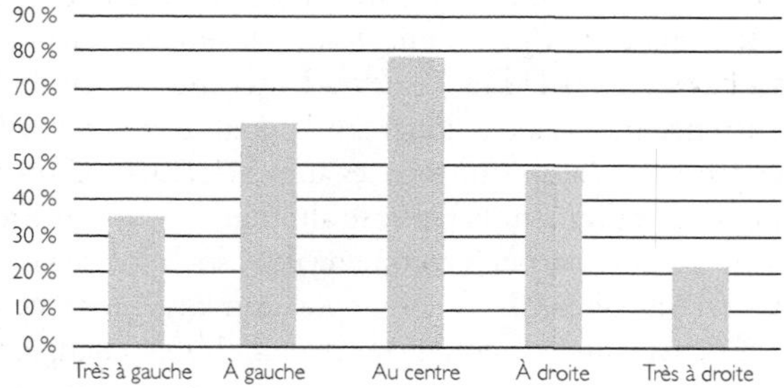

Figure 7. Optimisme sur l'avenir de la France (autopositionnement politique).

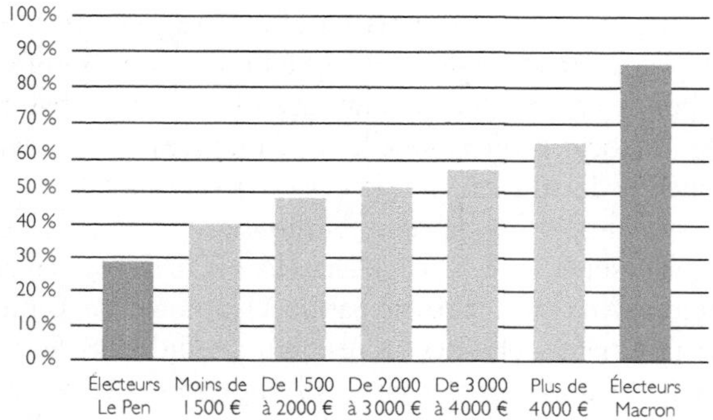

Figure 8. Optimisme sur l'avenir de la France (revenu du foyer).

C'est la capacité de se présenter comme le candidat qui offrait les plus grandes garanties quant au maintien de la France dans l'UE qui a permis à Macron de se classer en tête au premier tour de la présidentielle, en réunissant

– au-delà du clivage droite/gauche ou plus exactement au-delà des proximités partisanes vis-à-vis du PS ou des Républicains – un électorat aisé et diplômé qui perçoit très positivement l'insertion internationale de la France et qui ne veut prendre aucun risque de rupture dans la dynamique d'intégration avec les autres pays européens. Dès la campagne électorale, et en continuité avec l'action soi-disant « modernisatrice » du Parti socialiste[178], Macron a annoncé vouloir s'appuyer sur l'unification européenne pour impulser la transition complète du capitalisme français vers un modèle néolibéral ; ses premiers actes de gouvernement n'ont pas manqué de le confirmer on ne peut plus clairement. Cependant, même au sein de son électorat, le soutien aux réformes néolibérales n'est pas unanime. À ce propos, il est intéressant de comparer les attentes des électeurs qui ont voté Macron au premier tour de la présidentielle à celles des électeurs qui ont choisi un candidat LREM au premier tour des législatives.

À la présidentielle, le choix Macron a été celui des votants qui considéraient comme prioritaire le prolongement de l'expérience française au sein de l'UE ; en revanche, l'électorat favorable aux réformes néolibérales s'est partagé entre sa candidature et celle de François Fillon. Ainsi, parmi les électeurs qui estimaient qu'il fallait réduire le nombre de fonctionnaires, Fillon (32 %) dépassait largement Macron (23 %). C'est aussi le cas, même si c'est moins flagrant, parmi les électeurs qui pensaient qu'il fallait donner la priorité aux firmes dans les choix de politique économique (Fillon 33 %, Macron 29 %) et surtout parmi ceux qui se déclaraient défavorables à l'action de l'État pour réduire les inégalités (Fillon 39 %, Macron 23 %)[179]. Sur la question de la réduction du nombre de fonctionnaires, seuls 10 % des électeurs Macron se disaient « d'accord » et 39 % « plutôt d'accord », alors que la majorité de l'électorat du nouveau président s'opposait à cette mesure (32 % « plutôt en désaccord » et 19 % « en désaccord »).

L'échec de Fillon et la crise profonde de la droite, ainsi que les annonces programmatiques du président nouvellement élu, ont cependant produit une modification de la base sociale du nouveau pouvoir entre l'élection présidentielle et les législatives. Nous avons souligné que LREM a récupéré une fraction importante de l'électorat de droite, en particulier parmi les indépendants. Ainsi, sur la même question de la réduction du nombre des fonctionnaires, une large majorité de l'électorat LREM se déclarait favorable (16 % « d'accord » et 42 % « plutôt d'accord »). Il reste que même au sein de l'électorat LREM, qui recombinait la base électorale de Macron à la présidentielle avec une fraction de celle de la droite, le thème de la réforme néolibérale ne faisait pas l'unanimité (en restant à la même question, 28 % des électeurs LREM se disaient « plutôt en désaccord » avec la réduction des fonctionnaires, et 14 % « en désaccord »).

Le projet de Macron peut donc être résumé de la façon suivante : s'appuyer sur une base sociale unifiée autour de l'objectif du prolongement de l'intégration européenne pour impulser des réformes néolibérales qui, même au sein de sa base, sont loin de faire l'unanimité. Il est donc assez logique que les tentatives pour élargir la nouvelle alliance sociale se fassent plutôt vers l'électoral libéral de droite, ce qui s'est déjà produit dans la brève période entre la présidentielle et les législatives.

LA STRATÉGIE MACRON : UN LIEN RENFORCÉ ENTRE UE ET « RÉFORMES »

Une politique longtemps dissimulée mais prévisible

Le rythme élevé imprimé par le nouveau Président aux réformes néolibérales en début de mandat peut paraître plus surprenant, mais nous allons en analyser les raisons. La campagne présidentielle d'Emmanuel Macron, commencée lorsqu'il était encore ministre de l'économie par la création de réseaux de soutien, en particulier financier, se fit pendant un temps relativement long sans que soit proposé un programme électoral concret. Lorsque celui-ci apparut finalement, en mars 2017, c'est-à-dire à peine plus d'un mois avant le premier tour, il contenait certes quelques propositions précises mais surtout des objectifs très généraux. Pourtant, ce n'était pas l'indécision du candidat qui pouvait expliquer ce flou ; les révélations de Wikileaks[180] indiquent que des mesures parfois très précises sur des sujets à haute teneur conflictuelle étaient étudiées par son équipe de campagne en liaison avec des « experts » plus ou moins extérieurs au camp Macron.

Si le détail des mesures ne fut pas dévoilé à l'électorat, l'orientation générale de l'action d'un Macron devenu président était facile à anticiper compte tenu d'une part de la dynamique économique, institutionnelle et politique de la France depuis le début des années 1980 et surtout au cours du mandat de François Hollande[181], et d'autre part de la trajectoire personnelle du nouveau président. Ce dernier, passé par l'inspection des finances avant de « pantoufler » dans la banque d'affaires (Rothschild, de 2008 à 2012) puis de devenir secrétaire général adjoint de l'Elysée sous Hollande (en charge notamment de l'économie) et enfin ministre de l'économie, avait été le rédacteur du « rapport Attali »[182] commandé par Nicolas Sarkozy au début de sa présidence. Ce rapport recommandait la mise en œuvre « en bloc » d'une série de réformes néolibérales, sans grande originalité mais parfois très radicales, dans pratiquement tous les domaines, en particulier la finance. Sa mise en œuvre pratique fut contrariée par la crise économique et financière, laquelle amena Sarkozy à déclarer dans son célèbre discours de Toulon de septembre 2008 que le marché qui avait toujours raison, c'était fini.

Le rapport Attali n'était que le énième avatar d'une littérature technocratique en vogue depuis au moins le début des années 2000[183], mais il se distinguait de ses nombreux prédécesseurs par son caractère systématique. En cela, il donnait des indications précieuses sur ce qu'on pouvait attendre d'une présidence Macron : la poursuite du projet radical de transformation néolibérale du modèle socio-économique français, un projet aux origines lointaines[184], devenu progressivement l'objectif principal de la droite de gouvernement après la crise des années 1970, puis, avec plus d'ambiguïtés et de difficultés voire de réticences, celui de la « gauche de gouvernement » (comprendre : le PS et ses satellites) à partir des années 1980 et surtout après 2012.

Fraîchement élu, Macron devait reprendre à sa manière l'antienne de la France « impossible à réformer » : « La France n'est pas un pays réformable, c'est un peuple qui déteste les réformes. Il faut lui proposer de se transformer en profondeur »[185]. On peut rapprocher cette déclaration de celle du chef de file de la droite de 1984, Jacques Chirac, qui promettait, sitôt qu'il serait de nouveau aux affaires, un changement de modèle (socio-économique) « assez brutal ». Mais à la différence d'un Chirac revenu au pouvoir en 1986, Macron pouvait compter sur un horizon politique de cinq ans, avec une majorité absolue (54 %) de parlementaires à ses ordres[186] à l'assemblée nationale, et une opposition tant politique que sociale affaiblie et divisée : 5,7 % des députés pour la gauche (FI et PCF), 5,3 % pour le PS et ses satellites, 8,1 % pour le centre-droit (MoDem), 17,3 % pour la droite conservatrice (LR), 1,4 % pour le Front national.

L'ambition de Macron quant au changement radical du modèle de capitalisme français s'exprimait dans le nombre et la diversité des chantiers annoncés ou anticipés : poursuite de la « réforme » de la relation d'emploi, « réforme » de l'assurance chômage et de la formation professionnelle, alignement des régimes spéciaux de retraite sur un régime général susceptible lui-même d'être modifié en profondeur, « réforme » de la SNCF et disparition du statut des cheminots, « réforme » de l'enseignement supérieur avec l'introduction de la sélection à l'université, « réforme » de la fonction publique avec une limitation drastique du nombre de fonctionnaires sous statut… La tactique choisie fut donc celle de l'attaque tous azimuts, en comptant sur l'incapacité des résistances sociales à s'organiser pour faire front commun[187] et sur la complicité active ou passive d'organisations syndicales en concurrence pour obtenir la place de partenaire privilégié du pouvoir dans les négociations avec lui. On peut d'ailleurs noter au passage qu'alors qu'il était courant de considérer que la concurrence entre syndicats conduisait ces derniers à la surenchère revendicative, c'est bien l'inverse qui s'est produit au cours du mandat Hollande et surtout dans les premiers mois du mandat Macron. La CFDT s'était caractérisée depuis longtemps comme un syndicat « compréhensif » vis-à-vis des projets de « réforme » néolibérale[188] ; en début de mandat Macron, on a vu FO lui emboîter le pas.

Rétablir la profitabilité

Contrairement à ce que claironne son marketing politique, orienté vers la mise en valeur de la « nouveauté », les orientations de politique économique d'Emmanuel Macron sont bien peu originales. Elles s'inscrivent à la fois dans la tradition technocratique moderniste/néolibérale incarnée par Valéry Giscard d'Estaing depuis les années 1960 et dans le sillage des tentatives de rupture vis-à-vis du modèle socio-économique français hérité de la période fordiste, qui furent celles de Chirac dans les années 1980, Balladur dans les années 1990, Sarkozy dans les années 2000 et Hollande dans les années 2010, avec comme leitmotiv: « la réforme ». Elles s'inspirent aussi des préconisations de *think tanks* proches de la droite néolibérale ou du patronat[189] voire tout simplement de celles du Medef.

Reprenant, après tant d'autres, le soi-disant « théorème de Schmidt »[190], une partie de ces « réformes » s'emploie à favoriser le capital en augmentant les marges bénéficiaires des firmes et plus généralement en augmentant sa rentabilité. Les conséquences de ces mesures en termes d'inégalités, dont la montée a fini par inquiéter même les économistes les moins suspects d'intérêt excessif pour la question sociale[191], sont assumées, au moins en partie. Tout en récusant le terme lui-même, c'est bien la pseudo-théorie du « ruissellement »[192] qui a été mobilisée, quitte à être rebaptisée « premiers de cordée »[193]. L'appellation de « président des riches » s'est rapidement généralisée, non sans raison comme on va le voir.

Il faut d'ailleurs replacer cette acceptation voire cette promotion des inégalités dans un contexte plus large. Les « réformes » de Macron ont indubitablement comme conséquence plus ou moins directe d'augmenter les inégalités de revenu comme de statut (par la précarisation d'une partie des salariés). Il ne faut pas considérer ces conséquences comme des effets secondaires fâcheux auxquels le camp Macron se résignerait bon gré mal gré au nom des impératifs de la « réforme », tout en espérant qu'ils s'estomperont une fois la « nouvelle croissance » venue. Du point de vue de la constitution et de la consolidation d'un bloc bourgeois dominant, ces inégalités remplissent une fonction cruciale, celle de rompre les anciennes solidarités qui maintenaient certaines catégories socio-économiques dans le bloc de gauche ou dans le bloc de droite. Elles facilitent la rupture des anciens blocs et rendent possible, mais pas certaine, la réagrégation de certains groupes sociaux au sein du bloc bourgeois. Elles sont toutefois porteuses de risques quant à la pérennité du bloc bourgeois lui-même, comme nous le verrons ultérieurement.

La soi-disant « nouvelle croissance »

Pour le groupe d'économistes soutenant la candidature d'Emmanuel Macron, ce dernier était « le plus à même de poser les bases de la nouvelle croissance économique [...] parce qu'il fait le pari du travail, de la jeunesse, de l'innovation, de l'inclusion, de l'investissement et de la transition environnementale. »[194]. La rhétorique de la « nouvelle croissance » véhicule un ensemble d'idées qu'on peut aisément rapprocher de la vision néolibérale[195] d'une économie en bouleversement constant sous l'action d'entrepreneurs héroïques qui ne demandent qu'à être libérés des entraves réglementaires pour pouvoir mener la lutte dans le cadre d'une concurrence acharnée mais loyale. Ce changement permanent exige des individus qu'ils soient capables de s'adapter facilement aux nouvelles conditions de concurrence et d'employabilité : ceci renvoie à la nécessaire « flexibilité », laquelle – grâce à l'abolition des protections supposément indues dont bénéficieraient les *insiders* aux dépens des *outsiders* – serait aussi garante d'« inclusivité ». Un autre thème typiquement néolibéral est la distinction entre le bon profit, qui récompense les plus méritants, ceux qui prennent des risques et qui innovent, et la mauvaise rente : cet argumentaire a fait sa réapparition lors de la suppression de l'impôt sur la fortune.

La prééminence donnée à l'innovation s'exprime dans l'utilisation du slogan de la « start-up nation »[196], qui trahit la croyance dans ce que Mariana Mazzucato[197], économiste spécialiste du changement technique, appelle le mythe de la Silicon Valley : l'idée que la croissance ne découle que de petites firmes innovantes, en ignorant le rôle crucial joué par la recherche et les infrastructures publiques dans le processus d'innovation. Par ailleurs, l'obsession de « l'innovation » comme unique source de progrès technique dissimule le fait que les gains de productivité résultent plus souvent des améliorations apportées aux techniques et produits existants réalisées par les firmes en place que de la « destruction créatrice »[198].

En lien avec l'accent sur le bouleversement permanent de l'économie dû à l'innovation, la rhétorique du camp Macron insiste sur le rôle central de l'éducation et de la formation, conséquence de la nécessité d'adaptation permanente des individus afin qu'ils puissent parvenir à s'employer[199]. Comme cela a été mentionné au chapitre 2, c'est un élément central du néolibéralisme des origines, cette vision de la société et de l'économie se trouvant déjà exprimée chez Walter Lippmann[200]. L'idée constamment ressassée est celle de la fin des carrières stables. L'individu devra dorénavant changer de métier plusieurs fois au cours de sa vie professionnelle, ce qui implique un effort continu de formation « tout au long de la vie ».

En accord avec cette conception de la dynamique sociale et dans le prolongement de la loi travail passée sous la présidence Hollande, les premières mesures de la présidence Macron ont concerné la poursuite de la « réforme » de la relation salariale. Comme pour la loi El Khomri, la justification des mesures de flexibilisation réside dans la nécessité alléguée de rassurer des employeurs hésitant à embaucher de peur de ne pouvoir licencier au cas de retournement de la conjoncture. Le risque économique, pourtant la source de légitimation du profit dans la vision libérale[201], est donc reporté sur le salarié qui doit trouver, par la formation, un moyen de s'employer ailleurs.

Les « réformes » au service de l'Europe (ou l'inverse ?)

Avec les « réformes », l'autre dimension centrale de la politique de Macron est la poursuite et l'approfondissement de l'intégration européenne. Cela n'a rien d'étonnant car, comme cela a été souligné à plusieurs reprises dans cet ouvrage, la construction européenne a été utilisée en France depuis les années 1980 pour légitimer des changements institutionnels qui vont dans la direction du modèle néolibéral. Les données des sondages post-électoraux que nous avons rappelées plus haut montrent d'ailleurs que c'est autour du soutien de la participation française à l'UE que Macron a construit sa base sociale et sa victoire électorale. Le thème européen et la prétendue nécessité des « réformes » ont été explicitement liés par Macron de la façon suivante. Afin de « restaurer la confiance » avec l'Allemagne, la France engagerait des « réformes indispensables » ; dans ce climat d'une confiance renouvelée, l'Allemagne accepterait de relâcher les contraintes pesant sur la conduite de la politique macroéconomique et d'approfondir l'intégration européenne dans la direction du fédéralisme fiscal.

Cette voie supposait que la coalition au pouvoir en Allemagne n'adopte pas une ligne dure en matière de respect des traités budgétaires. De ce point de vue, Macron a eu de la chance, mais pas jusqu'au bout. À l'issue des élections allemandes de l'automne 2017, une coalition CDU/CSU-FDP-Verts était possible. Compte tenu des positions très dures du FDP sur la question européenne, cette coalition aurait été très défavorable aux projets de Macron. Les tergiversations du FDP ont conduit à l'échec du projet et, au printemps 2018, c'est finalement une nouvelle « grande coalition » CDU/CSU-SPD qui a vu le jour. Mais le retard dû aux hésitations et reniements du SPD a empêché Macron de progresser sur le dossier de la réforme de la zone euro. D'une manière générale, les évolutions politiques en Allemagne, avec l'affaiblissement des partis de gouvernement traditionnels et la montée de l'AfD, représentent une menace potentielle pour la dimension proprement européenne de la politique de Macron. Cette dernière ne doit d'ailleurs pas être confondue avec un quelconque projet grandiose de « refondation » de la zone euro, mais plutôt comme une série d'aménagements des mécanismes existants sans franchir les lignes rouges tracées par l'Allemagne (pas de mutualisation des dettes publiques, pas de transferts permanents entre états, pas d'automaticité des mécanismes d'entraide, conditionnalité aux « réformes », etc.).

LE DÉBUT DU QUINQUENNAT : CAP VERS LE MODÈLE NÉOLIBÉRAL

Le premier budget

La tactique adoptée par Macron a été de profiter de la majorité absolue de LREM à l'assemblée pour enchaîner une série de mesures qui, sous d'autres présidences, auraient chacune mobilisé une opposition sociale conséquente. L'heureuse surprise pour le camp Macron a été que l'attaque tous azimuts contre le modèle socio-économique français n'a, jusqu'au printemps 2018 au moins, suscité qu'une très faible opposition, en particulier de la part des syndicats, divisés et en concurrence les uns avec les autres.

Le premier budget de la présidence (2018) a associé une baisse sensible des dépenses publiques (logement social, santé, etc.) à une réduction des impôts concentrée principalement sur les revenus du capital et les revenus élevés, et à une hausse de la CSG. Le bilan net de cette opération est a priori un effet relativement neutre sur le pouvoir d'achat des ménages[202] mais fortement différencié selon les niveaux de revenu et de patrimoine. Les ménages aisés sont les plus avantagés ; l'OFCE estime ainsi que ce sont les 2 % les plus aisés, ceux qui détiennent la grande partie du capital mobilier, qui devraient capter l'essentiel des gains de la réforme. En revanche, les ménages les plus pauvres devraient y perdre car les hausses de la fiscalité indirecte ne seront pas compensées intégralement par l'augmentation des minima sociaux. L'opération devrait être globalement neutre pour les classes moyennes. On voit donc que le premier budget de la présidence Macron est marqué par un fort biais en faveur des ménages aisés.

Les ordonnances

Rappelons que sous la présidence Hollande, Macron aurait dû porter personnellement la loi travail, finalement allouée à la ministre El Khomri. Les ordonnances réformant le Code du travail se situent dans la prolongation de cette loi. La logique d'ensemble est de baisser le coût des licenciements pour l'employeur : automatisation de la procédure de licenciement, limitation du recours aux juges (prudhommaux), fixation d'un barème d'indemnités, réduction des délais de recours, élaboration d'une lettre-type de licenciement… Comme les débats autour de la loi travail, ceux autour des ordonnances ont rappelé qu'une partie non négligeable des économistes, y compris *mainstream*, doute de la pertinence de ce type de mesures pour diminuer le chômage. Le Premier ministre a même admis que le droit du travail n'était « en aucune façon » la première cause du chômage.

Les ordonnances prolongent la loi El Khomri (et d'une certaine manière les lois Fillon de 2004 et de « modernisation du dialogue social» de 2007[203]) en remettant en cause la hiérarchie des normes : elles donnent la priorité aux accords d'entreprise sur les accords de branche, et elles attribuent à ces derniers la possibilité de définir ce qui était autrefois du domaine de la loi. La logique de ces changements normatifs est évidemment d'affaiblir le pouvoir de négociation des salariés. De façon paradoxale d'un point de vue libéral, un accord d'entreprise pourra modifier un contrat de travail individuel : montant du salaire, « modulation » de la durée du travail, imposition de la « mobilité » géographique ou professionnelle et même imposition du forfait jour pour les cadres.

La loi El Khomri avait déjà posé que le Code du travail devait être refondé sur quelques grands principes et que la relation salariale serait pour l'essentiel réglée non plus par le droit mais par la négociation au niveau de la firme voire de la branche en cas d'absence d'accord décentralisé. Dans cette logique, la loi est réduite à un rôle résiduel, celui de pallier l'éventuelle absence d'accords de niveau inférieur. Le Code du travail aurait dû être réécrit en deux ans par une commission rendue inutile par la promulgation des ordonnances Macron. Le processus de réécriture du code, déjà passablement rapide avec les dispositions de la loi travail, fut encore accéléré avec la promulgation d'ordonnances qui n'accroissent le rôle des branches que pour substituer ces dernières au législateur (aménagement du temps de travail, contrats de travail à durée déterminée, nouveaux contrats « de chantier », période d'essai...). On sait par ailleurs que le projet était de limiter drastiquement le nombre de branches reconnues (de plus de 800 à une centaine voire moins).

Rappelons aussi que, parmi les mesures prises dans les ordonnances, figure le changement du périmètre géographique pris en compte pour apprécier les difficultés économiques ou la nécessité de sauvegarder la compétitivité d'un groupe international, périmètre qui est désormais celui de la France et non plus celui du groupe ; ceci rend possible qu'une firme à la santé financière florissante puisse par un jeu de comptabilité créative rendre sa filiale française déficitaire et justifier ainsi les relocalisations et licenciements auxquels il souhaite procéder. Par ailleurs, les règles pour apprécier la légalité formelle d'un licenciement ont été assouplies (absence de motivation de la lettre de licenciement par exemple). Les ordonnances répondent aussi à une ancienne revendication des organisations patronales : les instances de représentation des salariés au sein des firmes, Comité d'entreprise (CE), délégués du personnel (DP) et comité d'hygiène, de sécurité et des conditions de travail (CHSCT), sont fusionnées. L'effet de cette mesure sera de diminuer le nombre de représentants du personnel, ce qui ne manquera pas de poser des problèmes aux syndicats (et aux salariés) qui vont voir leur représentation locale, dans les firmes, affaiblie.

La réforme de l'assurance chômage

Les organisations syndicales redoutaient aussi la réforme de l'assurance chômage. La promesse électorale de Macron était d'instaurer un régime de « chômage universel » intégrant les indépendants et les personnes ayant volontairement quitté leur emploi. Une telle extension de la couverture chômage ne peut qu'appeler une modification de l'indemnisation : le système assurantiel géré par les partenaires sociaux et fondé sur le *droit* à l'indemnisation de ceux qui ont cotisé doit logiquement évoluer vers un système contrôlé « drastiquement » par la puissance publique et, on peut facilement le déduire, moins généreux que le précédent.

Le premier aspect de la réforme est la modification du financement. Les cotisations salariales sont supprimées et remplacées par un prélèvement fiscal sur l'ensemble des revenus par la CSG, ce qui rompt la logique qui associe la cotisation au droit à l'indemnisation. À terme les salariés, ou leurs représentants, sont ainsi destinés à sortir de la gestion du système d'indemnisation chômage. N'étant plus les financeurs du système, quel droit auraient-ils à le gérer ? C'est donc sans surprise que le projet de loi transmis au Conseil d'État fin mars 2018 prévoyait le renforcement du rôle de l'État dans la détermination des modalités de l'indemnisation. La gouvernance du régime d'assurance chômage devait être modifiée pour encadrer les discussions entre syndicats et patronat, notamment en ce qui concerne la trajectoire financière de l'ensemble du régime ou les règles d'indemnisation, y compris la possibilité de cumuler une allocation-chômage avec des revenus du travail. Le système en place jusqu'à la réforme indexait l'allocation sur le salaire précédemment perçu, qui servait aussi de base au calcul des cotisations. La rupture du lien cotisation-indemnisation ouvre la porte à un système d'indemnisation forfaitaire potentiellement très peu généreux à l'image de celui en vigueur au Royaume-Uni. C'est d'autant plus probable que le financement du système universel voulu par Macron appelle quasi-mécaniquement une baisse des indemnités.

Le deuxième aspect est le renforcement du contrôle des chômeurs. En insistant au cours de la campagne présidentielle sur la nécessité de radier de l'indemnisation les chômeurs qui refuseraient une offre d'emploi « raisonnable », Macron avait repris un thème traditionnel de la droite. Dans les faits, le renforcement de la pression sur les chômeurs n'était pas tant un problème légal, la possibilité de radiation en cas de refus d'offre d'emploi étant déjà prévue, qu'un problème organisationnel : qui décide du caractère « raisonnable » de l'offre et donc de la radiation ? Le projet de loi du printemps 2018 prévoyait que ce serait désormais du ressort du conseiller de l'agence pour l'emploi, Pôle emploi, appréciant selon le « contexte économique local » ou, selon les syndicats, « selon les exigences du patronat local ».

Le « président des riches »

La modification de la fiscalité dans un sens favorable aux détenteurs de capital s'est traduite par plusieurs mesures : le remplacement de l'impôt de solidarité sur la fortune (ISF) par un prélèvement forfaitaire unique (PFU) sur les revenus des valeurs mobilières et par l'impôt sur la fortune immobilière (IFI) pour les biens immobiliers. Cette réforme avantage les ménages les plus aisés[204], qui possèdent l'essentiel du capital mobilier, et pénalise potentiellement une partie des classes moyennes, dont la fortune est essentiellement immobilière. La réforme, contrairement aux promesses du candidat Macron, s'est traduite par une perte de recettes pour le budget de l'État. Il s'agit donc bien d'un transfert de ressources en direction des plus aisés, ce qui a conduit à l'utilisation de l'expression de « président des riches » par l'opposition (de gauche)[205].

À cette « réforme » de l'ISF s'ajoute la baisse de la fiscalité des firmes : baisse de l'impôt sur les sociétés, hausse d'un point du taux du crédit d'impôt compétitivité emploi (CICE), et suppression de la contribution sur les dividendes. En revanche, les prélèvements sur les ménages augmentent, avec la hausse de la fiscalité indirecte sur le tabac et les énergies fossiles et celle de la contribution sociale généralisée (CSG) non intégralement compensée par la baisse de cotisations salariales, qui de toute façon ne bénéficie qu'aux salariés et exclut en particulier les retraités. S'il est possible (en accord avec les prescriptions des théories du cycle politico-économique…) que la charge pesant sur les ménages diminue progressivement au cours du mandat, le début du quinquennat est bien inspiré par la volonté de favoriser le capital et par l'invraisemblable « théorie du ruissellement ».

Les ménages les plus modestes sont d'ailleurs amenés à subir la baisse (en plusieurs fois) de l'aide personnalisée au logement (APL). Prenant appui sur certains travaux économiques qui tendaient à montrer que l'APL était en grande partie voire intégralement captée par les bailleurs sous forme d'une augmentation des loyers, le gouvernement a présenté sa baisse comme une lutte contre la mauvaise rente et une mesure neutre pour les locataires. Mais si l'APL finit pour partie chez les bailleurs, elle est aussi une manière de subventionner le logement social. La baisse de l'APL compensée par une baisse des loyers conduit donc à une diminution des ressources pour ce secteur (de l'ordre de 45 euros par quittance)[206] alors même que les autres aides à la pierre, qui selon la même logique vont finir dans la poche des promoteurs et bailleurs privés, ne sont pas touchées[207].

Les privatisations et la réforme de la SNCF

Un programme économique néolibéral ne peut se concevoir sans privatisations[208]. En bonne logique, celui de Macron en comprend donc pour un montant de 10 milliards d'euros. Ce montant élevé amène à se poser des questions (dont les réponses sont faciles à trouver) sur les possibilités de survie du service public à la française. Après les grandes vagues de privatisations des années 1980 et 1990, il ne reste dans le secteur public que des services publics « traditionnels » (des activités de réseau, communication, transports, énergie...) et des entreprises stratégiques. Une cession des parts dans des sociétés privées détenues par l'État – par exemple Renault, PSA, Air France ou Orange – ne pourrait atteindre le montant envisagé et remettrait en cause la possibilité de définir une politique industrielle dans les secteurs concernés. À terme, La Poste ou Engie (ex Gaz de France) pourraient aussi être concernées.

Conformément aux anticipations, le gouvernement a annoncé au printemps 2018 la privatisation d'Aéroports de Paris (la participation publique dans AdP pesait 7 milliards d'euros début 2018) et celle de la Française des Jeux. Cela a soulevé des interrogations jusque dans les rangs de la majorité présidentielle. En effet, en plus d'être une activité stratégique, les aéroports sont, comme les jeux, une activité rentable, source de recettes fiscales. Leur cession au secteur privé ne peut donc pas aisément être justifiée en termes de « bonne gestion » des finances publiques[209].

À contre-courant du très vif mouvement de critique observé dans le pays phare de la privatisation du rail, le Royaume-Uni[210], les projets de la présidence Macron dans ce domaine ont pris une orientation quasiment thatchérienne au printemps 2018. Selon une procédure classique, un rapport commandé à nul autre que l'ex-PDG d'Air France, Jean-Cyril Spinetta, et publié début 2018 émettait un certain nombre de recommandations supposées inspirer les réformes à venir. Le rapport présentait la fin du service public et l'ouverture à la concurrence par la transformation de la SNCF en société anonyme ; ceci impliquerait la disparition du statut des cheminots, l'éclatement de la gestion du réseau[211] et la filialisation des activités (passagers, fret). Comme souvent, l'intégration européenne servait de fond à ces recommandations. L'ouverture du rail à la concurrence était en effet prévue pour 2019 et le statut public de la SNCF pouvait être vu comme une distorsion de la concurrence par les autorités de Bruxelles. Ceci est évidemment à rapprocher du fait que les différents gouvernements français n'ont jamais rien fait pour faire reconnaître le statut de service public (à la française) dans les traités européens.

La suppression du statut des cheminots revêt un caractère plus politique qu'économique. Ce statut ne compte que pour peu dans la rentabilité attendue de la SNCF privatisée. Certains pensent même que la suppression risque de coûter plus cher que le maintien[212]. Mais d'un point de vue politique, cette suppression a permis d'engager une épreuve de force avec une profession particulièrement combative qui avait été à l'origine de l'échec du plan Juppé de 1995 sur la réforme de la protection sociale. Remporter une victoire au printemps 2018 là où les précédentes tentatives de « réformes » s'étaient brisées pouvait avoir une valeur symbolique décisive, qui faciliterait le succès de l'ensemble du plan de « réformes » pour le reste du quinquennat.

Vers la sélection à l'université

Une des priorités affichées du candidat Macron était l'éducation, tenue pour solution à tous les problèmes d'employabilité et comme complément indispensable des politiques en faveur du capital (l'entrepreneuriat innovant). Dans le domaine de l'éducation supérieure, les projets du gouvernement Philippe et du ministre Blanquer semblaient moins orientés vers le futur que vers les vieilles obsessions de la droite universitaire : la sélection à l'université, un thème qui trente ans auparavant avait été fatal à la dernière tentative de changer brutalement le modèle français[213]. La logique de la nouvelle loi, qui par souci de rapidité a été appliquée avant même d'être votée, est de faire en sorte qu'au lieu de choisir leur filière d'études, les étudiants soient dirigés vers les filières où on les accepte et où il y a de la place. Cela implique de remettre en cause le droit à l'accès à l'université, initialement acquis avec le diplôme de fin d'études secondaires, le baccalauréat, qui est lui-même objet d'une « réforme » visant à accorder une place plus importante au contrôle continu, ce qui accroît la possibilité pour les universités d'évaluer les candidats souhaitant les rejoindre. L'effet le plus direct de la réforme devrait être de permettre aux établissements et filières les plus demandés de ne pas accueillir les étudiants non souhaités, typiquement ceux issus des classes populaires. L'impact sur la reproduction des inégalités sociales devrait donc être important.

DES OPPOSITIONS DANS L'IMPASSE STRATÉGIQUE

Macron a été porté au pouvoir par une nouvelle alliance sociale « au-delà de la droite et de la gauche » ou plus exactement « et de droite et de gauche », qui réunit des catégories aisées et diplômées ; une alliance agrégée autour du soutien au processus d'unification européenne. Les premières mesures de son quinquennat, que nous venons d'évoquer, ne laissent pas de doute sur le projet du président français : il entend utiliser le thème européen comme levier pour réaliser un programme institutionnel qui prévoit la réforme complète du capitalisme français en direction d'un modèle néolibéral. Le nouveau pouvoir s'appuie ainsi sur un bloc social minoritaire mais relativement cohérent pour poursuivre un but clairement identifié. À son grand avantage, il est confronté à des adversaires politiques qui traversent des crises stratégiques qui sont d'intensité inégale mais auxquelles il est difficile de trouver une solution. Macron met en œuvre le projet de transformation économique et sociale que la droite a porté sans succès pendant quatre décennies. En trouvant une solution originale à leur problème, Macron met les partis conservateurs français face à l'alternative de se rallier à LREM ou de choisir la voie de la radicalisation pour chercher une alliance avec le FN.

La gauche, de son côté, est amputée d'une partie de son bloc, et l'alliance à la fois politique et sociale qui avait pu être établie au cours de la Ve République semble s'être définitivement brisée sur la question de l'intégration européenne et le maintien du modèle social français. La reconstitution d'un bloc de gauche ne se heurte pas simplement à l'élaboration d'une stratégie politique adéquate, mais aussi, et même surtout, aux contraintes institutionnelles gravées dans les traités européens. Ces contraintes rendent difficile voire impossible la résolution de la contradiction entre intégration européenne et modèle économique et social « non néolibéral ». L'échec du PS, qui fit longtemps campagne aux élections européennes sur le thème de « l'Europe sociale » est un exemple flagrant de la difficulté de concilier deux éléments aussi radicalement opposés.

La crise des anciens partis « de gouvernement »

Remarquons d'abord que la crise des alliances sociales qui appuyaient la gauche et la droite « de gouvernement », dont nous avons largement traité, est désormais flagrante. La déroute d'un Parti socialiste menacé d'extinction est tellement manifeste qu'elle ne mérite pas qu'on s'y attarde : le lecteur pourra faire référence au deuxième chapitre de cet ouvrage pour en comprendre l'origine. Mais l'analyse du résultat obtenu par François Fillon au premier tour de la présidentielle indique que la crise de la droite est aussi très profonde. Le candidat des Républicains a hérité d'une partie assez faible du vote Sarkozy de 2012 : seuls trois électeurs sur cinq ont choisi de rester fidèles au principal parti de la droite de gouvernement. Pire, en l'absence d'un candidat centriste, Fillon n'a récupéré que 18 % des électeurs qui, cinq années auparavant, avaient soutenu François Bayrou ; et malgré une campagne centrée sur les thèmes du libéralisme économique et des valeurs conservatrices, il n'a conquis que 8 % de l'électorat Le Pen de 2012. Mais c'est le vote par catégorie socio-professionnelle qui donne une mesure de l'échec de la droite à fournir une perspective de gouvernement convaincante : l'électorat de Fillon à la présidentielle est constitué pour plus de la moitié (52 %) par des retraités, et pour presque les deux tiers (62 %) par des inactifs. La seule catégorie socio-professionnelle dans laquelle Fillon a dépassé sa moyenne nationale, outre les retraités (34 %), ce sont les travailleurs indépendants (25 %)[214] : catégorie qui cependant, comme nous l'avons souligné, a rapidement intégré la base du nouveau pouvoir lors des législatives. À l'occasion de ces dernières élections, les retraités représentaient 60 % de l'électorat des Républicains[215].

Le délitement des alliances sociales de droite et de gauche ne fait donc pas de doute. Mais il faut s'interroger sur la possibilité que le nouveau clivage sur lequel s'est appuyé Macron puisse suffire à restructurer l'affrontement politique en France. Remarquons qu'au-delà la rhétorique du pouvoir et des médias dominants, ce n'est pas autour de la défense d'une « société ouverte » que Macron a construit sa victoire : il suffit de prendre en compte sa gestion de l'immigration ou la gestion policière des mouvements sociaux pour se défaire d'une vision qui s'inspire de la propagande bien plus que de l'analyse[216]. Macron a fondé son accès au pouvoir sur la garantie d'une forte continuité dans les modalités de l'intégration européenne ; et son projet est de consolider une alliance sociale qui, pour garantir la viabilité de l'UE, serait prête à soutenir un vaste programme de réformes néolibérales.

L'hypothétique nouvel axe de différenciation politique devrait donc opposer des catégories aisées, pro-intégration européenne et favorables aux réformes néolibérales, à des catégories populaires rassemblées elles aussi « au-delà de la droite et de la gauche » autour du rétablissement des frontières économiques et de la défense des spécificités du capitalisme français. Si Macron a occupé le premier pôle de cet axe, l'analyse des résultats électoraux conforte les doutes que nous avons émis dans cet ouvrage sur la possibilité de donner une existence politique au pôle opposé : l'obstacle probablement insurmontable à l'élaboration d'une offre politique qui vise le soutien de l'ensemble des classes populaires est constitué par les contradictions profondes qui traversent leurs attentes. L'échec du Front national, qui se proposait explicitement, du moins dans la composante qui se reconnaissait le mieux dans la campagne de Marine Le Pen, d'unifier les classes populaires autour d'une perspective nationaliste, est très significatif à cet égard ; mais l'analyse du résultat de Jean-Luc Mélenchon – qui par moments, dans sa campagne, a laissé entrevoir la volonté de dépasser les anciennes frontières de la gauche politique pour construire une alliance autour du patriotisme économique – indique aussi qu'une opposition efficace au nouveau pouvoir ne pourra pas se passer du traditionnel clivage droite/gauche.

La difficulté de réunir une alliance anti-UE et l'échec du FN

En mettant l'accent sur le souverainisme économique et sur la perspective d'une rupture avec l'Union européenne, Marine Le Pen a réuni un électorat populaire qui s'estime pénalisé par la dynamique d'ouverture des marchés à la concurrence internationale : seulement 8 % de ses électeurs du premier tour se classent parmi les « gagnants et bénéficiaires de la mondialisation », alors qu'ils sont 68 % à se percevoir comme « des perdants et des victimes » de ce processus[217]. Elle a obtenu un résultat considérable parmi les électeurs ayant un diplôme inférieur au bac (30 %) et parmi ceux dont le revenu du foyer ne dépasse pas les 1 250 euros par mois (32 %)[218]. Une grande partie de ses électeurs (78 %)

considère que la France devrait « se protéger davantage du monde »[219], et ils sont 67 % à juger l'appartenance de la France à l'UE « plutôt une mauvaise chose »[220].

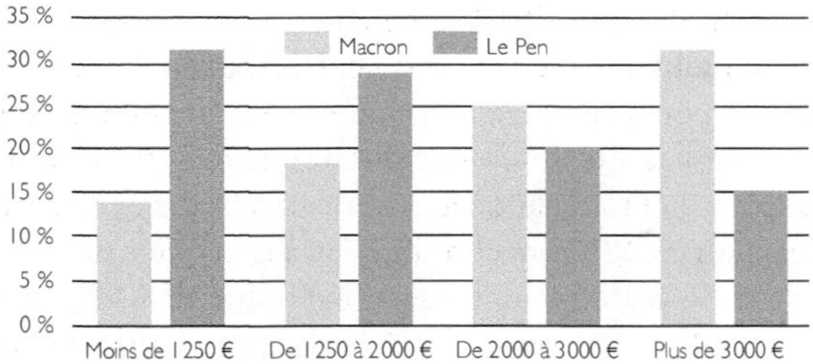

Figure 9. Vote par niveau de revenu du foyer.

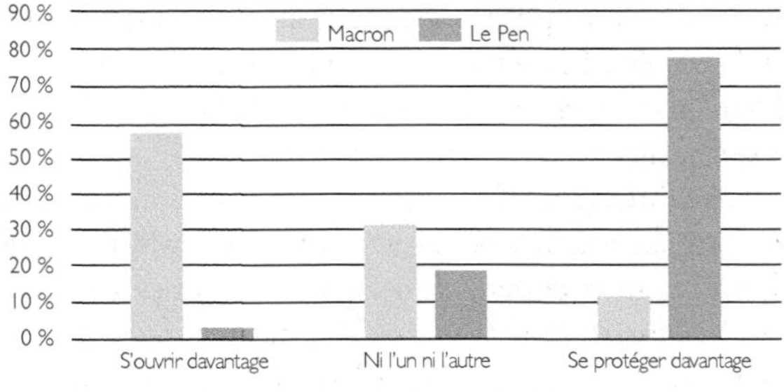

Figure 10. Par rapport au monde, la France devrait…

Il serait cependant erroné de se satisfaire de ces données[221] pour conclure que Marine Le Pen a réussi à occuper, dans le nouvel espace politique, le pôle opposé à celui de Macron : en réalité, la tentative de donner une nouvelle base sociale au Front national en construisant une alliance dans laquelle auraient dû se recomposer les fractions populaires des anciens blocs, de gauche et de droite, s'est traduite par un échec. Les données montrent que l'électorat du FN a très peu évolué par rapport à celui de 2012 : Marine Le Pen a obtenu 80 % des voix des électeurs qui avaient déjà choisi son nom cinq années auparavant, 14 % des voix qui s'étaient portées sur Sarkozy, et seulement 6 % des voix qui avaient permis à Hollande de figurer en tête au premier tour. Mais le flux politiquement le plus significatif est celui qui concerne le transfert des voix pour Mélenchon en 2012 vers Le Pen en 2017, car le candidat du Front de gauche avait obtenu le soutien d'une partie des classes populaires, celles que Le Pen souhaitait unifier derrière sa candidature. Or, et cela donne une mesure de l'échec stratégique du Front national, seulement 4 % des électeurs de Mélenchon en 2012 ont choisi Le Pen à la dernière présidentielle (ce qui correspond, puisque le résultat de Mélenchon avait été de 11,1 %, à moins de 0,5 % de l'électorat)[222]. Marine Le Pen a donc échoué à dépasser le clivage droite/gauche : si elle a eu accès au deuxième tour, c'est grâce au soutien des électeurs qui s'auto-positionnent à droite (qui ont voté pour elle à 24 %) et à l'extrême droite (qui ont indiqué son nom à 80 %), alors qu'elle n'a obtenu que 2 % des voix des électeurs qui s'auto-positionnent à gauche[223].

L'autre dimension de l'échec du Front national est liée à l'écart entre les attentes de ses électeurs et le positionnement qu'il aurait dû occuper selon la stratégie impulsée entre autres par Florian Philippot qui, significativement, a quitté le parti après les élections. Nous l'avons indiqué, cette stratégie, qui pour une grande partie de la campagne a été celle de Le Pen, visait la construction d'un pôle d'opposition situé sur le même axe, mais du côté opposé, que le bloc bourgeois. Un pôle nationaliste, hostile à l'Union européenne et à la monnaie unique, et favorable au maintien de certaines spécificités du capitalisme français, dans lequel aurait dû se reconnaître l'ensemble des classes populaires. Mais en réalité, la base électorale du Front national était très partagée sur la question des « réformes ». À titre d'exemple, l'électorat Le Pen soutient à 64 % l'inversion de la hiérarchie des normes entre la négociation d'entreprise et celle par branche ou à

53 % la fixation d'un plafond pour les indemnités en cas de licenciement sans cause réelle ni sérieuse[224]. Le Pen a d'ailleurs obtenu un score non négligeable parmi les électeurs qui demandent une réduction du nombre de fonctionnaires (20 %) ou parmi ceux qui se déclarent hostiles à une action de l'État visant à réduire les inégalités (18 %)[225]. Sur les questions économiques, l'électorat frontiste est profondément partagé : un questionnaire distribué directement par le FN à 27 000 de ses adhérents[226] le démontre. À titre d'exemple, 47 % des militants défendent la durée légale du travail à 35 heures, alors qu'ils sont 39 % à s'y opposer ; 41 % des adhérents sont favorables aux contrats aidés, mais 42 % sont contre ; un tiers des adhérents (33 %) approuve la suppression de l'ISF, et une large majorité (71 %) demande la diminution du nombre de fonctionnaires territoriaux. On est très loin donc d'une alliance sociale prête à s'engager dans le combat contre les réformes économiques qui sont au programme du nouveau pouvoir.

L'effondrement entre l'élection présidentielle (21,4 % pour Marine Le Pen) et les législatives (13,2 % pour le FN au premier tour) est d'ailleurs lié au vote des employés (de 30 % à 16 %) et des travailleurs indépendants (de 19 % à 10 %), mais aussi à celui des ouvriers (de 39 % à 31 %), autre signe que le compromis « souverainiste » entre les classes populaires imaginé par certains dirigeants du FN n'a pas fonctionné[227]. Cet échec a ravivé le conflit latent entre les deux fractions opposées au sein du FN : la fraction néovoire ultra- libérale, qui se situe dans le prolongement du FN des années 1980, et la fraction menée par Florian Philippot, qui souhaitait allier une orientation sociale et un positionnement nationaliste. Le changement d'orientation de politique économique du FN, qui ne veut plus sortir de l'euro mais « réformer l'Europe » de l'intérieur[228] (comme Macron !) a signalé la victoire des premiers sur les seconds.

La France insoumise de Jean-Luc Mélenchon : nouvelle alliance sociale ou renouveau d'un compromis de gauche ?

Au premier tour de l'élection présidentielle, Jean-Luc Mélenchon a obtenu un score remarquable (19,6 %), d'autant plus prometteur qu'il est ancré dans le vote des générations les plus jeunes[229]. L'effet majeur de ce résultat est de mettre un terme à l'hégémonie exercée sur la gauche par le Parti socialiste. En même temps, sa base électorale demeure fortement enracinée dans l'espace défini par l'ancien bloc de gauche, ce qui est en partiel décalage avec une campagne menée au nom du « peuple » et dans laquelle les drapeaux rouges ont été remplacés par le drapeau tricolore[230]. Les électeurs de Mélenchon se déclarent seulement à 16 % sans préférence partisane, alors qu'ils se disent à 77 % de gauche ; et il faut souligner que seulement 4 % des électeurs de Marine Le Pen en 2012 (soit 0,7 % des votants) ont opté pour le candidat de la France insoumise cinq années plus tard[231]. Du point de vue social, le constat est celui d'une base électorale fortement interclassiste : Mélenchon a obtenu 20 % des voix des électeurs sans diplôme, 22 % de ceux qui ont le bac et 18 % de ceux qui ont au moins un bac+2[232] ; il atteint 25 % parmi les électeurs dont le revenu du foyer est inférieur à 1 250 euros, 23 % dans la catégorie de revenu compris entre 1 250 et 2 000 euros, 18 % de 2 000 à 3 000 euros, 16 % au-delà de 3 000 euros[233]. Le comportement électoral en fonction du niveau d'aisance financière souligne aussi que le vote Mélenchon échappe au clivage entre classes populaires et classes privilégiées, qui sépare en revanche nettement la base sociale de Le Pen de celle de Macron (figure 11).

Au vu de ces données[234], et au-delà de la rhétorique de campagne, on peut donc affirmer que la percée de Mélenchon est liée à sa capacité de renouveler un compromis de gauche : avant sa crise puis sa décomposition, le

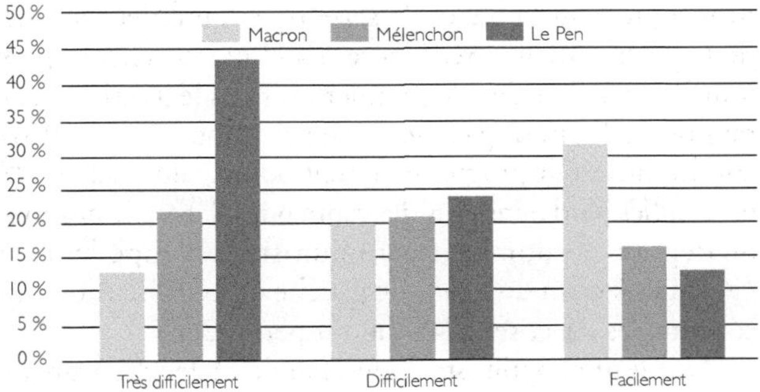

Figure 11. Résultats obtenus parmi les électeurs qui avec les revenus de leur ménage s'en sortent…

bloc de gauche correspondait à une alliance sociale interclassiste dans laquelle se reconnaissaient la fraction salariée des classes populaires et la fraction des classes bourgeoises liée aux professions intellectuelles et au secteur public[235]. De la même façon, Mélenchon a été soutenu par une partie importante des ouvriers (25 %), des employés (24 %) mais aussi des professions intermédiaires (26 %) et même des cadres et professions supérieures (16 %).

La bonne nouvelle est que Mélenchon a été en mesure de retrouver un soutien important parmi les catégories populaires, qui avaient massivement déserté le camp de la gauche depuis de longues années ; la mauvaise nouvelle est que sa base sociale est bien plus restreinte que l'ancien bloc de gauche. Il faut en effet rappeler que, malgré le résultat du candidat de la France insoumise, la gauche a subi lors de la présidentielle un revers majeur : les voix perdues par le Parti socialiste par rapport à 2012 ont été neuf millions, alors que Mélenchon en a obtenu trois millions supplémentaires, ce qui correspond donc à une perte « nette », pour la gauche, de six millions. Dans leur ensemble, les candidats de gauche ont recueilli 27 % des voix, un niveau historiquement faible et de seize points inférieur à celui de la présidentielle précédente. La chute est encore plus lourde si on considère le premier tour des législatives : par rapport au Front de gauche, la France insoumise et le Parti communiste ont progressé de sept points, alors que le PS et ses alliés perdaient plus de trente points. Et si le nombre de députés insoumis et communistes est supérieur de 17 unités à celui du Front de gauche de la législature précédente, les PS et ses alliés en ont perdu 286.

Une lecture optimiste du résultat de Mélenchon amène à y reconnaître le début de la reconstruction d'une alliance sociale de gauche, une lecture pessimiste revient à identifier dans l'électorat qui a indiqué son nom une agrégation résiduelle : ce qui reste du bloc de gauche après son explosion. Dans un cas comme dans l'autre, il faut souligner que les contradictions qui ont conduit à la crise de la gauche sont toujours présentes dans l'électorat insoumis et risquent d'en entraver une possible montée en puissance. Comme nous l'avons écrit plusieurs fois dans cet ouvrage, la fracture du bloc de gauche a été pour l'essentiel le produit d'une question européenne qui a surgi à cause du lien entre participation à l'UE et réformes néolibérales : une partie de l'ancien bloc était prête à assumer la rupture avec l'UE pour stopper ces réformes, l'autre partie considérait comme prioritaire la poursuite du processus d'intégration, y compris au prix de changements institutionnels qu'elle ne soutenait pas.

On retrouve une fracture du même ordre dans l'électorat de Jean-Luc Mélenchon[236] et de façon encore plus nette parmi les votants qui se déclarent proches de la France insoumise, qui pour la moitié (52 %) considèrent l'appartenance de la France à l'UE « plutôt une bonne chose », pour l'autre moitié (48 %) « plutôt une mauvaise chose ». Il est donc évident que la question de la hiérarchie des attentes, l'Union Européenne ou le modèle social, est centrale pour l'avenir de la gauche et que la France insoumise aurait beaucoup à perdre d'une restructuration complète du paysage politique autour d'un clivage Europe/Nation ; d'autant plus que les bases des autres partis affichent une assez forte homogénéité sur ces thèmes[237]. Les électeurs proches du Front national et de Débout la France ont dans leur grande majorité une opinion négative de la construction européenne, ceux qui se déclarent proches des autres partis une opinion presque unanimement positive.

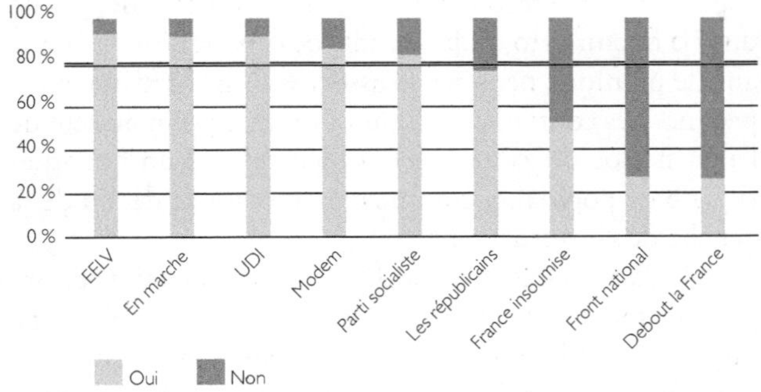

Figure 12. L'appartenance de la France à l'UE, plutôt une bonne chose (par proximité politique)

Si on raisonne à partir de l'électorat de 2017, il y a apparemment un choix stratégique pour la France insoumise qui se pose dans les termes suivants[238]. La première option est de se définir comme un mouvement « patriote » qui ambitionne de réunir l'ensemble des classes populaires au-delà du clivage droite/gauche dans ce qu'on pourrait appeler un « bloc du peuple ». Cette tentative se ferait évidemment sur des bases très différentes de celles du Front national. Mais les difficultés associées à cette option sont les mêmes que celles auxquelles le FN a fait face : les attentes des catégories à faible revenu portant sur les aspects dits « sociétaux » (sécurité, immigration...) comme sur la politique économique et même sur certaines réformes néolibérales sont profondément contradictoires et probablement inconciliables. L'autre possibilité est d'œuvrer ouvertement pour un compromis de gauche entre une fraction des classes populaires et une fraction des classes bourgeoises, en contestant à Macron le monopole de la représentation politique de ces dernières.

L'avantage de cette deuxième stratégie est sa cohérence avec la base sociale réunie par Mélenchon lors des élections de 2017. Mais il ne peut s'agir d'une stratégie tournée vers le passé, visant à reconstituer « tel quel » un bloc de gauche dont la fracture profonde a résulté de l'application de trente ans de politique néolibérale associée à l'intégration européenne. Les contradictions sur ce dernier point au sein de l'ancien bloc de gauche valent bien celles d'un hypothétique bloc populaire, comme en témoigne le déclin de la gauche de gouvernement.

Mais la véritable stratégie de la France insoumise dépasse probablement cette opposition entre un improbable « bloc du peuple » et la recomposition tout aussi improbable du bloc de gauche traditionnel. Il faut prendre la recomposition politique telle que manifestée par la montée du bloc bourgeois et la victoire de Macron au sérieux et envisager un véritable renouvellement des blocs plutôt qu'un réagencement de groupes sociaux immuables selon des frontières bien définies à l'avance. Les transformations du capitalisme français ont modifié la structure sociale et les attentes de politique économique ; les « réformes » de Macron vont poursuivre et accélérer ce mouvement. C'est à partir de cette situation nouvelle que doivent s'élaborer les stratégies politiques. L'élargissement de l'électorat d'une France insoumise qui ambitionne d'accéder au pouvoir passe par une défense des spécificités d'un modèle socio-économique qui – sans rêver d'une improbable unité des classes populaires autour du souverainisme économique – serait ancrée dans les principes de la solidarité et de la justice sociale. Une telle perspective permettrait à la France insoumise de mobiliser une partie des abstentionnistes[239], et surtout de viser la représentation politique des fractions des autres blocs destinées à être pénalisées par la transition vers un modèle néolibéral. La question de la hiérarchie des attentes est centrale. La stratégie visant la constitution d'un bloc de gauche réellement renouvelé, et non pas reconstitué à l'identique, ne peut réussir que si les attentes « économiques », « environnementales » et « sociales » passent au premier plan des préoccupations d'une fraction suffisante des groupes sociaux, au détriment de certaines attentes habituellement mais improprement appelées « sociétales » ou « culturelles ».

LE BLOC BOURGEOIS : UN PROJET POLITIQUE AUX PERSPECTIVES INCERTAINES

On sait à quel point les images construites et véhiculées par les médias dominants peuvent répondre à une logique totalement contradictoire avec une analyse sérieuse de la réalité ; mais dans le cas d'Emmanuel Macron, le phénomène a atteint son paroxysme. Le nouveau président s'est révélé être exactement aux antipodes de l'homme extérieur aux jeux politiciens et doté d'une forte compétence économique que ses nombreux partisans dans les journaux et dans les chaînes télévisées n'arrêtent de décrire. La vision macronienne de l'économie, presque caricaturale, demeure celle d'un banquier d'affaires. Tout peut se résumer à une question de marges bénéficiaires, et les réponses s'expriment sous forme de fusions, acquisitions et redéploiement d'actifs. La possibilité que les mesures fiscales à l'avantage du capital, loin de favoriser l'investissement productif ou l'innovation, ne débouchent que sur une inflation des actifs financiers semble n'avoir été envisagée par personne dans le camp du pouvoir. Qu'on assume sans complexe de mettre en œuvre des mesures qui vont augmenter les inégalités au moment où même des organisations comme l'OCDE ou le FMI s'inquiètent des conséquences de leur montée est un fait révélateur : le critère qui guide l'action du président n'est pas tant l'efficacité économique que la rentabilité financière.

D'un autre côté, Macron a fait preuve d'une vraie capacité stratégique dans le domaine politique, en occupant avec détermination et lucidité l'espace du bloc bourgeois ; un espace ouvert depuis plusieurs années par la crise politique française[240], mais que personne avant lui n'avait été en mesure d'identifier et de représenter aussi efficacement. Les réformes institutionnelles que le nouveau pouvoir est en train d'impulser doivent donc être comprises comme l'expression d'un projet politique : c'est directement au niveau politique, c'est-à-dire sur la base de l'impact concret qu'elle aura sur le conflit social et sur sa régulation, que l'action de Macron doit être analysée.

Le bloc bourgeois, gagnant mais pas (encore) dominant

Dans une telle perspective, le premier point à souligner est l'étroitesse de la base sociale qui a porté au pouvoir Emmanuel Macron, qui n'est qu'en apparence un président « bien élu »[241]. Il est vrai que son score de deuxième tour (43 % des inscrits) est proche de celui de François Mitterrand en 1988 ou de Nicolas Sarkozy en 2007. Mais l'affrontement avec une candidate du Front national rend ces comparaisons inappropriées. Le seul précédent similaire à celui de son élection date de 2002, quand Jacques Chirac – opposé à Jean-Marie Le Pen – obtint un soutien bien plus massif, celui de 62 % des inscrits. Au premier tour, Macron a été d'ailleurs choisi par 18 % des inscrits :

seul Chirac avait fait pire, mais en 1995 (16 %) avec un autre candidat du même parti en concurrence avec lui (Balladur) et en 2002 (14 %) après une cohabitation politiquement coûteuse pour tous les participants.

L'indication d'un périmètre du bloc bourgeois au moins pour l'instant très réduit est accentuée par les motivations des votants qui ont choisi Macron au premier tour de la présidentielle. Le vote par adhésion a été important parmi les électeurs qui se disent sympathisants de La République en marche (77 %), qui représentent le cœur de la nouvelle alliance sociale. Cependant, sur l'ensemble des électeurs Macron, le vote d'adhésion – qui, par comparaison, est à 61 % pour Le Pen, 72 % pour Fillon, 69 % pour Mélenchon et 71 % pour Hamon – atteint seulement 48 %[242], ce qui ramène le niveau de l'adhésion au projet présidentiel à moins d'un dixième de l'électorat.

Ces données indiquent que la victoire *par défaut* de Macron est la conséquence de la crise politique analysée dans cet ouvrage : c'est la fracture des anciens blocs sociaux qui a permis l'émergence d'un bloc bourgeois socialement minoritaire. Il est, à l'heure où ces lignes sont écrites, trop tôt pour savoir si la stratégie du nouveau président produira une solution à la crise avec l'affirmation de l'hégémonie de la nouvelle alliance, ou bien une intensification du conflit social en l'absence d'un compromis dominant, donc un approfondissement de la crise. Mais nous pouvons d'ores et déjà identifier les facteurs susceptibles de contribuer à la réussite ou à l'échec du projet politique présidentiel.

Au cœur de la nouvelle alliance : réformes néolibérales et approfondissement de la construction européenne

À l'opposé du discours médiatique dominant, il faut souligner le peu d'importance que recouvrent, dans la stratégie politique de Macron, les attentes dites « sociétales ».

L'action du gouvernement Philippe et de son ministre de l'intérieur contredit d'une façon spectaculaire l'image d'un bloc social qui se consoliderait autour de la défense d'une société « ouverte ». Ce constat oblige à rejeter le cliché d'un président se conformant à la vulgate de sciences politiques, laquelle réduit l'espace politique à deux axes, l'un économique, l'autre culturel, et qui se positionnerait en représentant d'une gauche « moderne », libérale sur le plan économique et progressiste sur le plan culturel. Il est fort possible que certains électeurs traditionnels du PS ayant choisi Macron dès le premier tour de la présidentielle aient entretenu ce fantasme, mais la réalité a dû leur ouvrir les yeux depuis. Il faut avoir en mémoire le signal envoyé à l'électorat conservateur le plus à droite (à la fois économiquement et « culturellement ») avec la visite à Philippe de Villiers[243] en août 2016, mais aussi et surtout la politique migratoire répressive et, comme l'écrit le journal Marianne, « malveillante »[244], menée en reniant intégralement le programme électoral du candidat Macron.

Les attentes essentielles des groupes constituant le cœur du bloc bourgeois n'ont qu'un lointain rapport avec la défense d'une société ouverte, tolérante et multiculturelle, alors qu'elles sont directement connectées à la poursuite de l'intégration européenne et à la continuation des réformes néolibérales. Les mesures prises depuis le début du quinquennat vont dans ce sens : les « réformes » ont été engagées rapidement et dans de nombreuses directions sans susciter une opposition sociale massive avant le printemps 2018. L'approfondissement de la construction européenne est en revanche un problème plus délicat. Le nouveau pouvoir est conscient des défauts structurels de la zone euro[245], ce qui a motivé la recherche de « solutions » acceptables par les autorités allemandes : un renforcement du contrôle des marchés sur les politiques budgétaires et la gestion des dettes publiques, le caractère contraignant des « réformes » ou encore la conditionnalité de transferts entre pays qui ne pourraient en aucun cas être permanents.

Les difficultés à former une coalition de gouvernement suite aux élections allemandes de l'automne 2017 ont retardé la mise en œuvre d'un plan de réforme de la zone euro, qu'il sera de toute façon compliqué à mettre au point en raison de la divergence entre les propositions françaises et la position qui semble toujours prévaloir en Allemagne. Compte tenu du chemin à parcourir, une réforme *en profondeur* des institutions européennes semble exclue à court terme ; et le compromis qui probablement à plus long terme finira par émerger, risque fort de décevoir une grande partie des attentes françaises. Cela pose un problème politique à Macron, car les incohérences de la zone euro sont susceptibles de fragiliser le soutien à la poursuite de l'intégration européenne, qui est pourtant le pilier central de la nouvelle alliance. L'exemple de l'Italie, passée après de longues années d'austérité du stade d'adhésion quasi-unanime à l'UE à un rejet majoritaire, a de quoi inquiéter les artisans du bloc bourgeois : le score électoral du Parti démocrate, qui pendant plus de six ans a gouverné en s'appuyant sur un bloc social très proche de celui que Macron essaie de construire en France, s'est brutalement effondré lors des législatives de mars 2018, qui ont vu le succès de partis eurosceptiques (le mouvement 5 étoiles) ou franchement hostiles à la construction européenne (la Ligue du nord).

Réformes éclair : les raisons et les risques d'une stratégie politique du choc

L'écrasante majorité politique de La République en marche à l'Assemblée nationale cache ainsi une double faiblesse : le bloc bourgeois qui a porté Macron au pouvoir est d'une part socialement minoritaire, et repose d'autre part sur des bases fragiles. C'est exactement cette double faiblesse qui explique l'empressement avec lequel ont été entamées des « réformes » qui, si elles aboutissent, impulseront la transition quasi complète du capitalisme français vers un modèle néolibéral. Comme nous l'avons remarqué, la stratégie de la « réforme éclair » a produit rapidement une transformation partielle de la base sociale du nouveau pouvoir. Au premier tour de la présidentielle, Macron avait obtenu le soutien de 43 % des sympathisants socialistes et 20 % des électeurs proches de EELV, pourcentages tombés respectivement à 27 % et 10 % aux législatives pour le vote LREM, alors que le soutien des votants qui se déclarent sympathisants des Républicains doublait, passant de 9 % à 18 %[246]. La relative droitisation de la base sociale du nouveau pouvoir ne modifie pas en profondeur le profil du bloc bourgeois, mais elle explique sans doute la minoration des thèmes progressistes sur le plan culturel et sociétal qui avaient pourtant une certaine place dans le discours du candidat Macron (et auxquels les analyses dominantes avaient attribué, à tort, un rôle décisif dans la construction de la nouvelle alliance sociale).

Cependant, ce n'est pas à ces considérations d'ordre tactique, de court terme, qu'il faut regarder si on veut comprendre la stratégie choisie par le président, celle de la réforme néolibérale à grande vitesse. Le point crucial réside dans les effets de long terme des réformes, car – comme dans bien d'autres pays, en particulier le Royaume Uni – la réussite de la transformation néolibérale d'une économie et d'une société passe par un changement profond des structures sociales : pour persister, le néolibéralisme doit créer sa propre base sociale.

Les faiblesses présentes du bloc bourgeois n'impliquent donc pas mécaniquement l'échec du projet politique qui vise sa consolidation. Les « réformes » sont en mesure de produire, à terme, une modification substantielle de la composition et du poids politiques des classes sociales, ainsi que des attentes qu'elles expriment, ce qui pourrait produire un élargissement de l'espace du bloc bourgeois : c'est pour cette raison que Macron, en comptant aussi sur les difficultés des oppositions, a décidé de les entamer le plus vite possible. Les changements institutionnels au programme du nouveau pouvoir impliquent l'alignement de l'économie française sur un modèle dans lequel l'industrie manufacturière occuperait une place réduite[247], ce qui provoquerait une accélération du déclin de la classe ouvrière et donc un affaiblissement de la base sociale aussi bien de la gauche que du Front national. En revanche, le développement d'un secteur de services, en particulier dans la finance, permettrait d'augmenter le nombre de « cols blancs » susceptibles de grossir les rangs du bloc bourgeois. On voit aussi que la seule option clairement identifiable du début du quinquennat Macron en matière de stratégie économique consiste à tenter de récupérer pour la place de Paris les activités financières qui vont quitter Londres à la suite du « Brexit ».

Aussi, l'*uberisation* progressive d'importants secteurs économiques, le développement des start-up ou plus modestement des petites entreprises, voire d'entreprises individuelles, sont appelés à augmenter le nombre des indépendants, qu'il s'agisse de travail authentiquement autonome ou, dans les faits, hétérodirigé. Les attentes des travailleurs portant sur le système de protection sociale ou la protection de l'emploi ressortiraient modifiées en profondeur d'une telle mutation économique et sociale, dans une direction moins contradictoire avec les intérêts représentés dans le bloc bourgeois. De même, dans un monde du travail qui verrait se réduire le poids du salariat, les privatisations pourraient être perçues moins comme une menace que comme la source de nouvelles opportunités en termes d'activité et d'emploi. Et vont toujours en direction de la diminution du poids politique des groupes exclus du bloc bourgeois la réduction du périmètre de la fonction publique, avec une baisse des effectifs concentrée sur le travail moins qualifié, et la fin des statuts spéciaux qui poussent aujourd'hui certaines catégories de salariés à demander le maintien des spécificités du capitalisme français.

Ces considérations indiquent que les effets des « réformes », dans l'hypothèse où celles-ci réussiraient à s'imposer, iront dans la direction d'une consolidation du bloc bourgeois. Elles doivent cependant être nuancées par une autre considération de direction opposée : la transition accélérée vers le modèle néolibéral produira inéluctablement une augmentation des inégalités, et donc la paupérisation d'une partie des classes moyennes dont le soutien est essentiel pour que le bloc bourgeois puisse s'affirmer comme dominant.

L'affaiblissement des attentes sociales dirigées vers le modèle français en termes de protection de l'emploi, protection sociale, redistribution du revenu ou encore de soutien du pouvoir d'achat, passe par une relance de l'emploi : relance qui, si elle est loin de constituer une condition suffisante à la modification des attentes fonctionnelle à la viabilité du bloc bourgeois, en représente sans doute un préalable nécessaire. De ce point de vue, le cycle économique a joué en faveur de Macron en 2018, mais les interrogations à plus long terme demeurent importantes. Il est permis de douter que les start-up puissent remplacer efficacement la grande firme industrielle dans la création d'emploi ; de plus, la désindustrialisation dont la transition vers le modèle néolibéral est porteuse, pose un problème pour l'équilibre de la balance commerciale, ce qui risque de fragiliser ultérieurement la France face aux pays du nord de l'Europe (dont le commerce extérieur est largement excédentaire) dans une négociation européenne qui s'annonce d'ores et déjà complexe mais qui, comme nous l'avons rappelé, est décisive pour la viabilité du projet Macron.

La stabilité du nouveau régime est ainsi liée à sa capacité d'agréger une fraction suffisante des classes moyennes à un noyau dur constitué par les catégories les plus favorisées. Les « réformes » jouent en deux directions qui sont, de ce point de vue, opposées : à long terme, elles pourraient produire une modification de la structure sociale et de la demande politique qui faciliterait la consolidation du bloc bourgeois ; mais d'autres effets, immédiats comme de plus long terme, vont dans le sens d'une restriction de la base sociale du nouveau pouvoir qui est déjà, faut-il encore le rappeler, fortement minoritaire. Ce décalage entre les effets politiques des « réformes » implique que la première phase du quinquennat Macron est décisive pour la viabilité du projet présidentiel. Le nouveau pouvoir en est conscient, et il a donc décidé de mener les « réformes » tambour battant.

Pour une nouvelle stratégie politique de gauche

Avec l'élection de Macron, la crise française est entrée dans une phase nouvelle, avec un élargissement du conflit politique à l'architecture institutionnelle entière : c'est désormais l'organisation d'ensemble du capitalisme français qui est en jeu. On mesure facilement les dangers d'une configuration qui voit au pouvoir un bloc duquel sont exclues toutes les classes populaires, d'autant plus que l'opposition politique et sociale semble diminuée par les problèmes stratégiques que nous avons évoqués. En même temps, la nouvelle alliance sociale est loin d'être déjà dominante, c'est-à-dire suffisamment forte et compacte pour assurer la viabilité de la stratégie qui vise sa consolidation. Vaincre Macron[248] est donc possible, et le bloc bourgeois pourrait finalement se révéler une illusion ; à condition cependant que l'opposition soucieuse de la défense des principes de solidarité et de justice sociale soit en mesure de se donner une stratégie claire et efficace.

De ce point de vue, il est sans doute indispensable de recentrer le débat politique autour des questions d'ordre économique, environnemental et social. L'irruption des thématiques « identitaires » s'explique par l'action des anciens partis de gouvernement qui, en se convertissant au néolibéralisme, convergeaient vers une politique économique « sans alternative » ; la nécessité fonctionnelle de différencier leur offre politique a porté ainsi au premier plan des enjeux autrefois secondaires. Mais aujourd'hui, les thèmes « identitaires » peuvent servir d'échappatoire à une opposition en manque de stratégie économique et institutionnelle : c'est le cas en particulier pour le Front national et Les Républicains, dont on peut pronostiquer une convergence programmatique fondée sur les enjeux sécuritaires ou ceux liés à l'immigration et à l'identité française. L'opposition qui veut combattre la transition complète du capitalisme français vers un modèle néolibéral doit envisager le mouvement opposé : les thèmes « identitaires » doivent être minorés, et la question des solidarités économiques placée au cœur du conflit politique.

De même, la restructuration du paysage politique autour d'une opposition entre les « européistes » d'une part, les « patriotes » de l'autre, serait une entrave à la construction d'une opposition véritable au bloc bourgeois. Car, si les classes bourgeoises peuvent se retrouver autour du projet économique et institutionnel du nouveau pouvoir, le clivage droite/gauche est destiné à séparer encore pour longtemps des classes populaires porteuses d'attentes profondément contradictoires. La protection des catégories défavorisées, dont la négligence a produit l'effondrement du Parti socialiste, doit être centrale dans la stratégie de l'opposition progressiste ; mais céder quoi que ce soit sur le terrain de la solidarité sociale pour essayer d'unifier l'intégralité des classes populaires ou tenter d'élaborer des « compromis pourris »[249] pour récupérer des classes bourgeoises séduites par Macron seraient, du point de vue de l'efficacité de l'opposition au bloc bourgeois, des erreurs capitales. Réaffirmer, contre le discours dominant, la pertinence du clivage droite/gauche, implique de renoncer à deux objectifs : d'une part l'unité complète des classes populaires, d'autre part la reconstitution à l'identique du « vieux » bloc de gauche. Il faut se donner les moyens de combattre Macron pour ce qu'il est : non pas le défenseur d'une société « ouverte » opposé au conservatisme culturel, ni l'européiste convaincu qui combat le nationalisme dans toutes ses formes, mais, tout simplement, un président néolibéral de droite.

CONCLUSION

La France traverse la phase la plus aiguë d'une crise politique ouverte depuis plus de trente ans. *Krisis*, en grec, signifie « jugement », « décision » ; au risque de prêter à confusion, on pourrait écrire que si la crise dure depuis si longtemps, c'est que la France n'arrive pas à fixer la direction qu'elle veut prendre. Mais un pays ne choisit pas son destin à l'issue d'une délibération collective et rationnelle, pas plus qu'il ne confie son avenir à des dominants éclairés qui décident pour lui. En France comme ailleurs, ce sont les rapports de force sociopolitiques qui déterminent la trajectoire économique et institutionnelle, tout en étant en retour modifiés par elle. Si la France hésite sur le chemin à suivre, c'est à cause de l'absence d'un bloc social dominant ; à savoir d'une alliance sociale fédérée par une action publique qu'elle est en mesure de valider politiquement.

La sortie de crise ne correspond pas à un résultat souhaitable en soi, car elle produira une nouvelle définition de la frontière qui sépare les groupes sociaux intégrés dans le bloc dominant (et donc protagonistes actifs de l'échange entre soutien et politiques publiques) des groupes dominés, dont les intérêts seront sacrifiés. Ainsi, la sortie de crise ne sera pas un événement qui bénéficiera à chacun : les gagnants et les perdants seront désignés par les modalités précises de la sortie de crise, c'est-à-dire par le profil du nouveau bloc dominant.

Un tel dénouement est cependant une nécessité fonctionnelle du système politique, qui ne peut se reproduire en état de crise permanente ; en même temps, la recherche d'une solution est un effet du fonctionnement du politique, qui résulte de la combinaison des efforts accomplis par les acteurs en situation de force pour préserver leurs positions, et des tentatives des acteurs en position marginale pour profiter des opportunités offertes par la crise. Ainsi, même s'il est difficile de pronostiquer quelle solution s'imposera et dans quel délai, il ne faut pas voir dans la crise une phase « chaotique » qui échapperait à tout essai d'interprétation théorique.

Dans la crise française s'affrontent plusieurs projets politiques, qui constituent autant d'hypothèses de sortie de crise que nous avons analysées. Chacun de ces projets propose une stratégie de politique économique particulière et joue ses chances sur la capacité d'agréger une alliance sociale dominante. En même temps, et de manière plus significative, chaque projet est porteur d'un programme de réformes « structurelles » qui concerne les institutions propres au modèle économique et social français ; cela est une conséquence logique de la durée et de la gravité de la crise.

Il est en effet certain, et ce depuis longtemps, qu'à l'intérieur du cadre existant aucun projet politique ne s'imposera durablement aux autres : l'architecture institutionnelle française se révèle incompatible avec la formation d'un nouveau bloc dominant. Cette impossibilité, plusieurs fois constatée depuis les années 1980, implique un élargissement progressif du conflit politique à des sphères auparavant « pacifiées » par des compromis institutionnalisés, et explique que la crise politique soit inséparable des tentatives de « réformer » le modèle économique et social français. Seule la prise en compte de leur dimension politique, c'est-à-dire de leur répercussion sur la structuration du conflit social, permet de rendre compte des projets, divers et variés, de réforme du modèle français qui caractérisent le débat depuis au moins quatre décennies. En fonction des changements institutionnels qui prévaudront, la définition de l'espace de médiation entre les intérêts socioéconomiques variera, tout comme les chances qu'une alliance sociale a de s'imposer en bloc dominant.

La trajectoire du Parti socialiste est éclairante de ce point de vue : elle ne peut se comprendre qu'en mettant en relation l'ambition de « moderniser » le capitalisme français et la recherche d'une base sociale nouvelle, cohérente avec une telle ambition. Cette grille de lecture aide à la fois à saisir pourquoi le Programme commun et les 110 propositions, qui avaient conduit à la victoire de Mitterrand, ont disparu du paysage politique dès le début des années 1980, et d'identifier les raisons pour lesquelles toutes les expériences de gouvernement de la gauche se sont conclues (en 1986, 1993, 2002 et... 2017) par des échecs politiques retentissants. Le choix socialiste d'opter pour une « modernisation » qui implique une transformation néolibérale au moins partielle du modèle français ne correspond pas aux attentes d'une partie importante du bloc social de gauche. La tentative de légitimer ce choix par des « contraintes » européennes que le Parti socialiste a en réalité largement contribué à définir a produit logiquement et progressivement un rejet de la construction européenne particulièrement fort parmi les classes populaires salariées. Cependant, en partie à cause des institutions de la Ve République, qui font obstacle à une modification des alliances politiques, le Parti socialiste n'a jamais pu trouver le socle électoral ajusté à ses ambitions « réformistes » : dès la première victoire de Mitterrand jusqu'à l'élection de Hollande, c'est le soutien du bloc de gauche traditionnel qui lui a permis d'accéder au pouvoir. Un soutien obtenu grâce à des promesses copieusement trahies par l'action de gouvernement, ce qui est une conséquence de la contradiction entre la ligne politique et idéologique dominante dans le parti et les attentes de sa base électorale.

Pendant longtemps, en parallèle à la recherche infructueuse d'une « nouvelle gauche » majoritaire dans le pays, le Parti socialiste a essayé de gérer la contradiction en menant en priorité des réformes néolibérales qui n'entamaient pas immédiatement le potentiel d'unification du bloc de gauche, même si, à terme, elles étaient destinées à déstabiliser ce dernier. À l'encontre de l'idée reçue d'un modèle économique et social qui serait impossible à réformer, nombre de changements institutionnels ont été accomplis depuis les années 1980, pour la plupart par des gouvernements dominés par le Parti socialiste[250] : loi bancaire, libéralisation des marchés financiers, marché unique... Mais ces réformes se bornaient à des sphères institutionnelles, comme le marché des produits et le secteur financier, qui n'étaient pas en prise directe avec les demandes provenant du bloc de gauche.

Cette stratégie était appelée, tôt ou tard, à rencontrer une limite. En 2012, la seule façon, pour Hollande, de poursuivre le mouvement était de s'attaquer à des domaines centraux dans les attentes des classes populaires salariées : en l'occurrence le Code du travail et, plus globalement, la relation salariale. Les lois Macron et surtout El Khomri ont représenté un approfondissement de la stratégie socialiste, mais qui correspond aussi à un changement qualitatif par rapport à la dynamique antérieure : pour la première fois, sous la présidence Hollande, le Parti socialiste a gouverné en s'opposant ouvertement et frontalement aux attentes les plus structurantes d'une fraction fondamentale du bloc de gauche. Les interventions sur le marché du travail, couplées au CICE (crédit d'impôt pour la compétitivité et l'emploi) et aux pactes divers (compétitivité, responsabilité, stabilité, etc.), découlent d'une stratégie délibérément pro-patronale, qui ne se donne même pas les apparences d'un donnant-donnant, comme du temps de Lionel Jospin, où la réduction de la durée légale du travail à 35 heures avait été accordée « en échange » de la « loi sur les nouvelles régulations économiques » signée par Dominique Strauss-Kahn[251].

Cette stratégie économique « réformatrice » a impliqué pour le PS un changement dans sa tactique d'alliance politique, qui a mené à un rétrécissement progressif de la majorité présidentielle. Les gouvernements nommés par Hollande ont progressivement perdu le soutien actif des Verts et de l'aile gauche du PS sans parvenir à agréger autour d'eux d'autres forces politiques significatives. Le gouvernement Valls n'a finalement pu se maintenir au pouvoir que grâce à la pusillanimité des « frondeurs », qui auraient pu le faire tomber par une motion de censure. Frondeurs à qui Hollande ne reprochait en fait que d'être opposés à la ligne économique qu'il avait choisie : « Moi, ce que je veux, c'est rester sur la même ligne, en élargissant[252] », déclarait-il ainsi à deux journalistes auteurs d'un (très mauvais) livre d'entretiens qui fit scandale à sa parution. Mais d'élargissement (de la majorité présidentielle) il n'y eut point, à l'exception de quelques individualités politiquement insignifiantes.

La trajectoire du PS se termine donc dans une impasse. La mise en cohérence entre la volonté de « modernisation » du modèle économique et social français et les demandes qui proviennent de la base électorale passe par une rupture définitive avec le bloc de gauche, et la composition d'une nouvelle alliance qui réunirait, sur la base d'un fort engagement « réformateur » et pro-européen, les classes moyennes et supérieures jusque-là divisées par le clivage droite/gauche. C'est le projet porté dans la campagne électorale de 2017 par Emmanuel Macron, qui ne fait qu'expliciter l'objectif inavoué de la stratégie socialiste au cours des trente dernières années : la construction du bloc bourgeois.

Ce projet fait cependant face à un obstacle majeur, car les institutions de la Ve République gênent considérablement les possibilités de renouvellement des alliances politiques et incitent le Parti socialiste à (essayer de) renouveler le dialogue avec le bloc de gauche dès qu'une élection approche. Un nouvel aperçu en a été donné lors du débat pour la primaire socialiste. Il ne fait pas de doute qu'en présence d'un système proportionnel à l'allemande, le PS aurait opté depuis longtemps pour l'équivalent français d'une « grande coalition », ou tout au moins retrouvé les modalités d'alliance politique de la vieille SFIO ; les tentatives de trouver des « majorités d'idées[253] » remontent à la IVe République, lorsque le Parti communiste (et les groupes sociaux qu'il représentait) était durablement exclu des coalitions dominantes. Les institutions de la Ve République, en revanche, favorisent – le temps des campagnes électorales – la réactivation du clivage droite/gauche ; et ce clivage implique une séparation des classes que le bloc bourgeois devrait réunir. Le Parti socialiste se retrouve donc dans une voie sans issue. Cela produit une situation paradoxale, dans laquelle le candidat qui exprime les positions les plus cohérentes avec la ligne idéologique et politique qui guide depuis plus de trente ans l'action du PS, Emmanuel Macron, ne se dit pas « socialiste » et se situe ostensiblement en dehors du périmètre du parti.

L'éclatement du bloc de gauche a aussi ouvert un espace politique pour qui se propose de représenter sa fraction populaire, plus que méfiante (à raison) à l'égard des promesses électorales socialistes, et exclue du bloc bourgeois. Il s'agit des ouvriers, des employés à faible qualification et des classes populaires salariées. Ces groupes, dont les attentes ont été négligées par la gauche « de gouvernement », se sont progressivement retirés de l'échange politique en se réfugiant massivement dans l'abstention. Le quinquennat Hollande, notamment avec ses attaques contre les protections que le Code de travail prévoit pour les salariés, a permis à Jean-Luc Mélenchon d'avancer une offre politique nouvelle qui s'adresse prioritairement à cet électorat. De façon cohérente avec sa stratégie, le candidat de « La France insoumise » a non seulement rompu toute perspective d'alliance avec le PS, mais aussi refusé tout accord avec le Parti communiste (qui lui a apporté un soutien tardif et timide) : c'est une façon d'acter l'incompatibilité entre deux projets, le bloc de gauche et le bloc bourgeois, et d'essayer d'ouvrir une perspective inédite. Mais là encore, les obstacles ne manquent pas. S'il veut que, à terme, la coalition sociale qu'il commence à construire ait une chance de s'imposer, Mélenchon devra l'élargir à d'autres groupes sociaux. Pour ouvrir une issue à la crise politique, l'appui de la fraction populaire de l'ancien bloc de gauche ne peut que constituer le socle de départ d'une alliance qui doit s'agrandir. Mais dans quelle direction cela pourra se faire est difficile à imaginer.

Une solution, pour Mélenchon, serait de s'adresser à l'ensemble des classes populaires, y compris donc à celles qui étaient auparavant intégrées au bloc de droite : sa rhétorique « populiste » et anti-élites laisse par moments imaginer que c'est la voie qu'il privilégie. Une alliance qui réunirait l'ensemble des classes populaires serait cependant traversée par des contradictions majeures et, selon nous, indépassables : à titre d'exemple, les attentes des travailleurs indépendants sur la protection sociale et la fiscalité sont à l'opposé de celles des classes salariées.

S'adresser aux catégories moyennes et supérieures du secteur public pour reconstituer le bloc de gauche serait une autre possibilité. L'obstacle évident sur cette voie porte le nom d'Union européenne. Il est faux de dire que les ouvriers et les employés à faible qualification sont culturellement hostiles à l'Europe et favorables à un repli nationaliste ; mais ils refusent de prolonger une expérience qu'ils pensent inséparable de la réforme néolibérale du capitalisme français. De l'autre côté, les catégories favorisées du secteur public ne montrent aucun enthousiasme pour les réformes néolibérales, mais elles ne semblent pas prêtes à envisager une rupture ouverte avec l'Union européenne. Au cours des dernières années, toutes les tentatives de faire vivre le bloc de gauche ont dû faire face à cette contradiction. La promesse d'« une autre Europe possible », seule variable de médiation identifiée à ce jour entre des attentes en l'état inconciliables, a perdu toute crédibilité et donc toute efficacité politique.

Il est cependant probable que Mélenchon ne se pose pas le problème dans ces termes, car son objectif immédiat n'est vraisemblablement pas de réunir un bloc dominant, mais, plus raisonnablement, de construire une nouvelle hégémonie à gauche. Et il est vrai que, s'il arrivait à devancer le candidat socialiste, Mélenchon produirait une rupture majeure dans la dynamique politique française : pour la première fois depuis trente ans, la partie populaire de l'ancien bloc de gauche, négligée et poussée à l'abstention par l'action des gouvernements socialistes, et presque disparue de l'échange politique, retrouverait sa voix, et une voix majoritaire à gauche. Ce qui modifierait sensiblement la donne pour les affrontements politiques à venir.

L'alliance sociale, à droite, n'est pas non plus sans faiblesses. Les travailleurs indépendants, les commerçants, les artisans, les petits entrepreneurs et les cadres supérieurs demandent depuis trois décennies d'adopter la référence thatchérienne : soit une forte libéralisation du marché du travail et une attaque frontale contre les institutions de la protection sociale en vue d'une réduction sensible de la fiscalité. Mais la fraction salariée de l'alliance, notamment les catégories intermédiaires du secteur privé, s'oppose à un virage libéral aussi brutal. En l'absence d'une stratégie de médiation, la droite française hésite régulièrement entre un durcissement libéral et un conservatisme rassurant.

De ce point de vue, la désignation de Fillon comme candidat à la présidentielle sur la base d'un programme de démantèlement de l'assurance maladie et de la Sécurité sociale, éléments centraux du modèle social et économique français, apparaît moins comme une rupture que le prolongement d'une dynamique faite de revirements continus : avec le François Fillon de la primaire, on retrouve à peu de chose près les positions du très libéral Chirac de 1986. Le même Chirac – figure emblématique de la droite française – qui accédera quelques années plus tard à la présidence de la République sur la base d'un programme (jamais appliqué) de lutte contre la « fracture sociale », qui choisira ensuite Alain Juppé pour diriger un gouvernement dont l'ambition était de mener une série de réformes néolibérales, et qui concluait en 2005 que « le libéralisme ce serait aussi désastreux que le communisme[254] ». Évidemment, dans une situation de crise ouverte et de forte fragmentation politique, le programme thatchérien de Fillon peut suffire pour rallier les soutiens suffisants à remporter l'élection ; mais tout indique que ses chances de réunir sur ces bases un bloc dominant – c'est-à-dire d'enclencher une dynamique de renforcement mutuel entre politiques publiques et soutien électoral – sont aussi faibles que celle de Chirac en 1986 ou de Juppé en 1995[255].

Il faut au passage souligner que l'opposition à chaque tentative plus ou moins brutale de la droite d'orienter les institutions du capitalisme français vers le modèle anglo-saxon a été bien plus le fait de mouvements sociaux que de la gauche parlementaire : en toute probabilité, les choses n'en iraient pas autrement en 2017 si Fillon venait à gagner et si, ensuite, il essayait de traduire en action son programme (ce dont il est aussi permis de douter, la droite française n'étant pas à un revirement près). Cependant, il est vrai que les vingt dernières années ont été caractérisées par des évolutions importantes. D'une part, le Parti socialiste a découragé la base de gauche et tout fait pour accréditer l'idée qu'il n'y a pas d'alternative à la réforme néolibérale. D'autre part, le front syndical porte les marques de la stratégie – partagée par la droite et le PS – visant à séparer les syndicats soi-disant « réformistes » des syndicats dits « contestataires » ; et ce front syndical apparaît donc plus divisé que jamais. Si l'opposition principale à une éventuelle stratégie thatchérienne viendrait sans doute du mouvement social, il est difficile de savoir si celui-ci aurait la même force que dans les années 1990.

Mais le vrai problème politique de la stratégie annoncée par Fillon est celui-ci : une réforme rapide du capitalisme français dans un sens néolibéral serait destinée, du moins à moyen terme, à provoquer des tensions à l'intérieur même du bloc de droite. On ne peut exclure qu'une éventuelle stratégie thatchérienne surmonterait l'obstacle d'une opposition sociale, de « gauche », qui pourrait se révéler plus faible que par le passé ; mais elle échouerait, en toute probabilité, à reproduire le soutien dont elle a besoin pour s'imposer, à cause du mécontentement de la fraction du salariat affiliée à la droite.

Le Front national s'est nourri de la crise de la droite et, dans une moindre mesure, de celle de la gauche. Il est difficile de reconnaître la moindre cohérence dans le parcours d'un parti qui, au cours des trente dernières années, a fait preuve avant tout d'un remarquable transformisme. Les évolutions frontistes s'expliquent par la volonté systématique et constante d'accueillir tous les déçus, et ils sont nombreux, de l'action des partis « de gouvernement ». Thatchérien quand la droite rechigne à mener les réformes néolibérales, soucieux des services publics quand le Parti socialiste s'y attelle, le Front national n'est pas à une contradiction près lorsqu'il s'agit d'intercepter le soutien des groupes qui, pour des raisons variées, s'éloignent du bloc de droite comme du bloc de gauche.

Le FN, dans son parcours tortueux, a identifié dans le « souverainisme » un thème fédérateur, en mesure de donner une expression au rejet d'une Europe perçue, parmi certains groupes sociaux affiliés à droite, comme facilitant les flux migratoires et multipliant les contraintes bureaucratiques ; et, parmi d'autres groupes historiquement représentés par la gauche, comme facteur d'impulsion des réformes néolibérales. Profondément divisé, à la fois dans son électorat et parmi ses dirigeants, sur l'ensemble des thèmes économiques (fiscalité, protection sociale, marché du travail...), le Front national ne trouve son unité que dans la défense d'une « identité française » et d'une « laïcité » aux définitions incertaines et stigmatisantes : des thèmes dont la fonction essentielle est de rendre présentable un discours ciblant les minorités les plus diverses, désignées comme les boucs émissaires des difficultés traversées par la France.

Il est évident que, dans l'hypothèse d'une accession de Marine Le Pen au pouvoir, rien ne pourrait contenir les contradictions éclatantes de son programme économique. Une expérience de gouvernement conduirait à un affrontement majeur entre les dirigeants du FN sur l'action à mener, et sur le choix de la partie de l'électorat frontiste à sacrifier. La défense de la protection sociale promise à une fraction de la base n'étant pas compatible avec la brutalité de la réforme libérale attendue par l'électorat traditionnel du parti, on ne peut imaginer qu'une victoire du FN à la présidentielle constituerait une avancée vers la solution de la crise politique française.

La crise configure ainsi un paysage politique fragmenté, dans lequel s'affrontent des projets multiples mais fragiles, car impuissants à identifier les variables de médiation nécessaires à réunir un bloc dominant. En l'absence d'une alliance sociale dominante, nous l'avons écrit, les institutions qui définissent le modèle français sont appelées à être remises en cause. C'est seulement au prix d'une redéfinition, produite par des changements institutionnels, de l'espace à l'intérieur duquel les acteurs politiques peuvent élaborer leurs stratégies qu'une solution sera trouvée à la crise. Plus profondément, le changement institutionnel impliquera une modification de la structure sociale française. Qu'on songe par exemple aux effets de moyen terme sur le profil et la force des groupes sociaux en présence, et sur les demandes politiques qu'ils expriment, qu'auraient l'abolition du statut général de la fonction publique ou la précarisation généralisée de la relation salariale. C'est à des conflits de cette ampleur, et à leurs conséquences, qu'il faut s'attendre. Dans un futur proche, certains compromis institutionnalisés se déliteront sous l'impulsion de l'action politique, et le conflit social et politique s'élargira à des domaines qui en étaient préservés. L'insertion internationale de la France, ses rapports avec l'Union européenne, le régime monétaire, le rapport salarial, la protection sociale, le rôle de l'État dans l'économie sont autant de domaines institutionnels susceptibles d'évolutions importantes au cours des prochaines années.

Aucune sorte de déterminisme ne peut annoncer quelles institutions seront modifiées, et dans quel sens. L'avenir du modèle économique social et français se joue dans un conflit politique dont l'issue est liée à la capacité des projets en compétition de définir avec clarté les alliances sociales qu'ils se proposent d'agréger, d'identifier les variables de médiation nécessaires et efficaces entre les intérêts qui les composeront, d'impulser les changements institutionnels fonctionnels à la construction de la nouvelle hégémonie sociale.

NOTES

1. Emmanuel Macron avait déclaré avant les élections allemandes de l'automne 2017 : « Si le FDP participe à la coalition [avec la CDU/CSU], je suis mort ».
2. Début décembre 2016, les estimations variaient évidemment en fonction des hypothèses proposées, mais les scores cumulés des candidats de l'ancienne coalition de gauche (socialistes, communistes, écologistes) et de l'ancienne coalition de droite (centristes et républicains) variaient entre 40 % et 43 % des intentions de vote.
3. Cevipof (2013), *Baromètre de la confiance politique*, vague 4, enquête réalisée en décembre 2012.
4. La figure est tirée de Bruno Amable et Stefano Palombarini, *L'économie politique n'est pas une science morale*, Paris, Raisons d'agir, 2005, p. 268. Nous renvoyons le lecteur à cet ouvrage pour un développement plus complet de l'approche théorique et une analyse des liens entre idéologie, représentations, économie et politique.
5. Ginzburg utilise le terme de « classes subalternes », qu'il reprend à Gramsci (Carlo Ginzburg, *Le Fromage et les Vers. L'univers d'un meunier frioulan du XVIe siècle*, Paris, Aubier, 1980).
6. Olivier Schwartz, « Peut-on parler des classes populaires ? », www.laviedesidées.fr, 13 septembre 2011.
7. Fondation Terra nova, « Gauche : quelle majorité électorale pour 2012 ? », mai 2011, www.tnova.fr.
8. L'expression « bloc bourgeois » renvoie dans cet ouvrage à une alliance sociale centrée autour des classes moyennes et supérieures qualifiées. La même expression est parfois utilisée, en Suisse par exemple, pour désigner autre chose, la plupart du temps une alliance de partis politiques de droite.
9. Nous avons utilisé pour 1978 les données Cevipof (enquête post-électorale 1978) et pour 2012 les données élaborées par Nicolas Sauger (enquête électorale française 2012, CEE Sciences Po).
10. Insee, *France, portrait social*, édition 2014.
11. Fondation Terra nova, « Gauche : quelle majorité électorale pour 2012 ? », art. cit.

12. Ipsos, *Régionales 2015. Sociologie des électorats et profil des abstentionnistes*, décembre 2015.
13. Et pas seulement avec les « plus démunis ».
14. Ainsi, ce sont des catégories qu'on peut qualifier d'*insiders* qui sont relativement plus en faveur d'une mesure de libéralisation du marché du travail tel que le contrat unique, alors que cette proposition (qui figurait au programme de Nicolas Sarkozy en 2007, mais a été évoquée positivement de façon sporadique par des responsables PS tels que Manuel Valls) est relativement plus rejetée par les groupes sociaux qu'on peut qualifier d'*outsiders*. Voir Bruno Amable, « Who wants the contrat de travail unique ? Social support for labor market flexibilization in France », *Industrial Relations*, vol. 53, 2014 (4), p. 636-662.
15. Patrick Lehingue, « Les classes populaires et la démocratie représentative en France : *exit, voice* ou *loyalty* ? », *Savoir/Agir*, 31, 2015, p. 25-34.
16. Source : Ipsos.
17. P. Lehingue, « Les classes populaires et la démocratie représentative en France… », *art. cit.*
18. Gérard Mauger, « Sur la participation des classes populaires aux nouveaux "jeux électoraux" », *Savoir/Agir*, 2007, 1, p. 49-58.
19. Julian Mischi, « Au nom des ouvriers. Quelle représentation politique des classes populaires ? », *Mediapart*, 16 mars 2012.
20. Gérard Noiriel, *Les Ouvriers dans la société française*, XIXe-XXe *siècle*, Paris, Seuil, 1986.
21. G. Mauger, « Sur la participation des classes populaires aux nouveaux "jeux électoraux" », art. cit.
22. J. Mischi, « Au nom des ouvriers… », art. cit.
23. G. Mauger, « Sur la participation des classes populaires aux nouveaux "jeux électoraux" », art. cit.
24. J. Mischi, « Au nom des ouvriers… », art. cit.
25. On pourrait argumenter, mais cela dépasserait le périmètre de cet ouvrage, que cette division en deux blocs est devenue effective après 1958 et la naissance de la Ve République.
26. On peut aussi noter un biais relatif à l'âge dans la séparation en deux blocs, les plus âgés ayant tendance, toutes choses égales par ailleurs, à rejoindre le bloc de droite. Le soutien des « seniors » à la droite ne se démentira pas dans les décennies qui suivent.

27. De telles tentatives d'ajustement à la marge sont par exemple le CPE (contrat première embauche) de Villepin pour les travailleurs de moins de 25 ans, et le CNE (contrat nouvelle embauche) pour les très petites entreprises : ces deux contrats étaient destinés à permettre aux entreprises de licencier les travailleurs durant les deux premières années, faute de quoi le contrat deviendrait un contrat permanent. Cependant le CPE n'a jamais été mis en place, étant donné les grandes manifestations que son annonce a provoquées, tandis que le CNE a été supprimé quelques mois seulement après avoir été mis en œuvre.
28. Deux pétitions témoignent que la fracture du bloc de gauche était présente chez les intellectuels : l'une, « Pour une réforme de fond de la Sécurité sociale », soutenait, malgré certains « aspects contestables », « une réforme de fond qui [allait] dans le sens de la justice sociale ». L'autre, l'« Appel des intellectuels en soutien aux grévistes », soutenait le mouvement des grévistes, qui représentait « une défense des acquis les plus universels de la République ».
29. Les mesures de modulation/annualisation du temps de travail.
30. Sarkozy avait fait en 2007 de la « rupture tranquille » son slogan de campagne électorale.
31. Pour plus de détails sur la caractérisation des blocs sociaux, voir Bruno Amable, Elvire Guillaud et Stefano Palombarini, *L'Économie politique du néolibéralisme. Le cas de la France et de l'Italie*, Paris, éd. Rue d'Ulm, 2012 ; Bruno Amable, *Structural Crisis and Institutional Change in Modern Capitalism : French Capitalism in Transition*, Oxford, Oxford University Press, 2017.
32. « Je renégocierai le traité européen issu de l'accord du 9 décembre 2011 en privilégiant la croissance et l'emploi, et en réorientant le rôle de la Banque centrale européenne dans cette direction. Je proposerai de créer des euro-obligations. Je défendrai une association pleine et entière des parlements nationaux et européen à ces décisions » (François Hollande, « Mes 60 engagements pour la France », programme pour l'élection présidentielle, 2012, p. 12).
33. Source : Eurobaromètre, *La Constitution européenne : sondage post-référendum en France*, juin 2005.
34. L'« échec » est principalement le niveau élevé du déficit extérieur.
35. Il serait plus adéquat de parler d'alliance contre-structure.

36. Voir Bruno Amable, « Institutional complementarities in the dynamic comparative analysis of capitalism », *Journal of Institutional Economics*, vol. 12, 2015 (1), Cambridge University Press.
37. Voir François Denord, *Néolibéralisme version française. Histoire d'une idéologie politique*, Paris, Demopolis, 2007.
38. Voir Pierre Dardot et Christian Laval, *La Nouvelle Raison du monde. Essai sur la société néolibérale*, Paris, La Découverte, 2009.
39. Voir Bruno Amable, « Morals and politics in the ideology of neo-liberalism », *Socio Economic Review*, 9, 2011 (1), p. 3-30.
40. Voir F. Denord, « La “modernisation” avant la lettre… », art. cit.
41. Walter Lippmann, *The Good Society*, Londres, George Allen & Unwin LTD, 1937.
42. Calcul sur les données de la base EuroGDP2 de Stephen Broadberry. https://www.nuffield.ox.ac.uk/People/sites/stephen.broadberry/SitePages/Biography.aspx
43. Richard Kuisel, *Le Capitalisme et l'État en France. Modernisation et dirigisme au XXe siècle*, Paris, Gallimard, 1984.
44. Voir François Denord, « La “modernisation” avant la lettre : le patronat français et la rationalisation (1925-1940) », *Sociétés contemporaines*, 6, 2007 (4).
45. Voir W. Lippmann, *The Good Society*, *op. cit.*
46. Voir F. Denord, « La “modernisation” avant la lettre… », art. cit.
47. R. Kuisel, *Le Capitalisme et l'État en France…*, *op. cit.*
48. Voir André Gauron, *Histoire économique et sociale de la Cinquième République, tome I : Le Temps des modernistes*, Paris, La Découverte/Maspero, 1983.
49. Voir R. Kuisel, *Le Capitalisme et l'État en France…*, *op. cit.*
50. Voir Julie Bouchard, *Comment le retard vient aux Français. Analyse d'un discours sur la recherche, l'innovation et la compétitivité. 1940-1970*, Lille, Presses universitaires du Septentrion, 2008.
51. Pierre Bourdieu et Luc Boltanski, « La production de l'idéologie dominante », *Actes de la recherche en sciences sociales*, 1976 (2).
52. Voir Mathieu Fulla, *Les Socialistes français et l'économie*

(1944-1981). Une histoire économique du politique, Paris, Presses de Sciences Po, 2016.

53. Discours de Laurent Fabius à l'Assemblée nationale, 24 juillet 1984, in http://archives.gouvernement.fr/
54. « Modernisation ou décadence » était le titre d'un chapitre du premier Plan, présenté par Jean Monnet en 1946.
55. Voir l'analyse du rapport Terra nova, « Gauche : quelle majorité électorale pour 2012 ? » au premier chapitre.
56. La tribune, publiée dans le quotidien *Le Monde* du 16 décembre 1984, était intitulée « Pour être modernes, soyons démocrates » et signée par François Hollande, Jean-Yves Le Drian, Jean-Michel Gaillard et Jean-Pierre Mignard.
57. « On ne pouvait arbitrairement séparer le général de Gaulle du type de société qu'il incarnait. Combattre l'un obligeait à combattre l'autre. Ils étaient solidaires. L'essentiel ne consistait pas à détruire la nouvelle organisation politique qui en bien des domaines était supérieure à l'ancienne car elle tenait compte davantage des exigences de la stabilité et de la continuité nécessaires aux plans à long terme aussi bien dans une société socialiste que dans une société capitaliste. Il était d'aller directement au but, de s'attaquer sans détours aux centres de décision économique, de détruire la chambre forte où les monopoles ont abrité leurs leviers de commande. Procéder autrement revenait à recommencer les erreurs de la Libération et à lâcher la proie pour l'ombre. Il n'y avait pas à choisir entre la IVe et la Ve République, mais entre le capitalisme et le socialisme. Telle a été ma conclusion au terme d'un long débat. La gauche, m'avez-vous dit, qu'est-ce que c'est ? C'est maintenant le socialisme » (François Mitterrand, *Ma part de vérité. De la rupture à l'unité*, Paris, Fayard, juin 1969).
58. Le Club Jean-Moulin rassemblait des hauts fonctionnaires de « gauche non communiste » ayant pour ambition de contribuer à un débat sur la démocratie moderne et d'orienter les choix de politiques publiques par la promotion de la « compétence technique ». Il adoptait la posture bien connue du rejet du capitalisme libéral comme celui de la planification centralisée au profit d'une planification démocratique et d'une économie mixte. La charte du club comprenait les éléments habituels de l'idéologie

moderniste : la fin des « idéologies », l'association des travailleurs à la gestion de l'entreprise, l'importance de la rationalité dans la prise de décision, la promotion de la compétence, la défiance envers le Parlement, etc. (voir Claire Le Strat et Willy Pelletier, *La Canonisation libérale de Tocqueville*, Paris, Syllepse, 2005).

59. Philippe Alexandre et Jacques Delors, *En sortir ou pas*, Paris, Grasset, 1983, p. 122 et p. 64 respectivement.
60. Emmanuel Van Brabant, Lorenz Eberle, « Entre péripétie électorale et vision politique, le *non* de Delors », *Mots*, 45, 1995 (1).
61. Jacques Delors interviewé par Anne Sinclair, émission « 7 sur 7 » du 11 décembre 1994.
62. Anthony Giddens, *Beyond Left and Right. The Future of Radical Politics*, Cambridge, Polity Press, 1994.
63. « For most socialists [...] the welfare state seemed to point up a way ahead to a controllable and egalitarian future, whether or not this was seen as a halfway house to "full socialism" or to some version of communism. With the collapse of socialism's historical ambitions, we have to look at the welfare state in quite a different light » (A. Giddens, *Beyond Left and Right*, *op. cit.*, p. 150).
64. «Schemes of positive welfare, oriented to manufactured than external risk, would be directed to fostering the autotelic self. The autotelic self is one with an inner confidence which comes from self-respect, and one where a sense of ontological security, originating in basic trust, allows for the positive appreciation of social difference. It refers to a person able to translate potential threats into rewarding challenges, someone who is able to turn entropy into a consistent flow of experience. The autotelic self does not seek to neutralize risk or to suppose that "someone else will take care of the problem" ; risk is confronted as the active challenge which generates self-actualisation » (A. Giddens, Beyond Left and Right, op. cit., p. 192). La nouvelle gauche doit ainsi adopter « a wide notion of welfare, taking the concept away from economic provision for the deprived towards the fostering of the autotelic self. [...]. The effort bargain with the poor would not be the direct transfer of wealth but a transfer of employment opportunities coming from changed attitudes towards work on the part of the more affluent » (ibid., p. 194-195).

65. Entretien avec Anthony Giddens publié dans le blog de Frédéric Joignot le 15 octobre 2007 sous le titre : « Le grand sociologue critique une "gauche française conservatrice" » (http://fredericjoignot.blog.lemonde.fr/).
66. « 1983 : affronter la crise », interview de François Stasse publié dans *La Lettre de l'Institut François-Mitterrand*, 11, mars 2005.
67. Voir François Denord et Antoine Schwartz, *L'Europe sociale n'aura pas lieu*, Paris, Raisons d'agir, 2009 ; Robert Salais, *Le Viol d'Europe. Enquête sur la disparition d'une idée*, PUF, Paris, 2013.
68. Voir M. Fulla, *Les Socialistes français et l'Économie…*, *op. cit.*
69. Voir « Le premier bilan des conversations entre le Parti socialiste et le Parti communiste français », 22 décembre 1970, supplément à *La Documentation socialiste*, 17 décembre 1970.
70. M. Fulla, *Les Socialistes français et l'Économie…*, *op. cit.*, p. 238.
71. Sans vouloir donner une explication définitive à l'engagement jamais démenti de la partie dominante de la SFIO puis du PS dans l'« Europe », on peut simplement mentionner que ce projet se trouve à l'intersection de deux préoccupations de la gauche « non communiste » : la constitution d'un bloc continental face à l'URSS et une ouverture à la concurrence internationale, facteur de « modernisation » de l'appareil productif, même si certains modernisateurs, et non des moindres, comme Mendès France, ont, tout en restant fidèles à l'idée d'unification européenne, très tôt exprimé des doutes sur le processus concret conduisant à la CEE.
72. M. Fulla, *Les Socialistes français et l'Économie…*, *op. cit.*, p. 402.
73. Source : Ifop.
74. « Le 13 février 2005 : le référendum des Verts français », in *Archives des Verts français de 1984 à 2010* (www.lesverts.fr).
75. « Référendum européen : les partisans PS du "oui" se mobilisent », www.lemonde.fr, 12 mars 2005.
76. Les données qui suivent sont tirées de « La Constitution européenne : sondage post-référendum en France », *Eurobarometer*, Commission européenne, juin 2005.
77. Les données qui suivent sont tirées de Vincent Tiberj, « Référendum 2005 : la double source de l'euroscepticisme populaire », *TNS Sofres*, 20 mai 2005.
78. *Ibid.*

79. *Ibid.*
80. Voir B. Amable, E. Guillaud et S. Palombarini, *L'Économie politique du néolibéralisme, op. cit.* ; B. Amable, *Structural Crisis and Institutional Change…, op. cit.*
81. Voir B. Amable, *Structural Crisis and Institutional Change…, op. cit.*
82. On peut noter qu'à la fin des années 1970 et au début des années 1980, les revendications d'une politique économique de gauche (nationalisations, extension des services publics même si cela devait s'accompagner de hausses d'impôts, opposition à l'austérité…) sont particulièrement soutenues par les plus jeunes. Voir B. Amable, *Structural Crisis and Institutional Change…, op. cit.*
83. Alain Fonteneau et Pierre-Alain Muet, *La Gauche face à la crise*, Paris, Presses de Sciences Po, 1985.
84. Frédéric Lordon, *Les Quadratures de la politique économique*, Paris, Albin Michel, 1997.
85. Jacques Attali, *Verbatim I*, Paris, Fayard, 1993, p. 399.
86. Dans ses *Mémoires* (Paris, Plon, 2004, p. 148), Jacques Delors admet que l'emploi du mot « pause » était délibéré. Il faisait écho à l'emploi de ce mot par le Premier ministre socialiste Léon Blum en 1937, que l'électorat de gauche avait interprété comme le début de la fin pour le premier gouvernement français du Front populaire. La volonté de Delors en 1981 était de produire, par l'utilisation de ce mot, un « électrochoc psychologique » à gauche.
87. Voir Liêm Hoang Ngoc, *Refermons la parenthèse libérale !*, Paris, La Dispute, 2005.
88. Lionel Jospin estime que la politique économique et sociale mise en œuvre lors du gouvernement qu'il a dirigé (1997-2002) représentait une rupture avec le tournant de 1983. Ce n'est que partiellement vrai. Voir Henri Sterdyniak, « Le gouvernement Jospin (2007-2002) : un social-libéralisme français ? », in *Les Politiques économiques de la gauche en France (1936-2002)*, actes du colloque de la Fondation Gabriel-Péri, Pantin, Fondation Gabriel-Péri, 2012.
89. Voir J. Delors, *Mémoires, op. cit.*, p. 161.
90. Voir B. Amable, E. Guillaud et S. Palombarini, *L'Économie politique du néolibéralisme…, op. cit.*

91. Robert Boyer, « L'hétérogénéité des relations salariales contemporaines et ses conséquences », communication au colloque « Les sciences sociales en mutation », Paris, 3-6 mai 2006, p. 2.
92. *Ibid.*
93. À titre d'exemple, un sondage (Harris interactive pour la CGT, septembre 2012) portant sur le soutien aux possibles mesures prises en vue de lutter contre le chômage révélait que 61 % des sondés étaient opposés à la flexibilisation de la relation de travail par un abaissement de la protection de l'emploi, alors que 37 % y étaient favorables. On retrouve des proportions du même ordre dans le (manque de) soutien à la proposition d'un « contrat de travail unique » (B. Amable, « Who wants the contrat unique ? », art. cit.). De fait, les tentatives de « réformes » du droit du travail (CPE, loi travail…) comme de la protection sociale (réforme Juppé, réformes des retraites de Sarkozy…) qui se sont succédé depuis plus de vingt ans ont donné lieu à des mouvements sociaux de grande ampleur.
94. Ce phénomène est particulièrement étudié par les nombreux politologues qui ont découvert, avec quinze ans de retard mais un enthousiasme décuplé, le modèle *insiders-outsiders* développé par certains économistes, et qui ont adopté sans la moindre distance critique les conclusions les plus caricaturales qu'on peut déduire de ce modèle relativement aux « méchants » *insiders*, dont le haut niveau de protection serait responsable des malheurs des *outsiders*.
95. Voir Wolfgang Streeck, *Re-Forming Capitalism. Institutional Change in the German Political Economy*, Oxford et New York, Oxford University Press, 2009.
96. Thomas Piketty, *Le Capital au XXIe siècle*, Paris, Seuil, 2013.
97. Cathie Jo Martin et Duane Swank, *The Political Construction of Business interests. Coordination, Growth and Equality*, Oxford, Oxford University Press, 2012.
98. Gerhard Schnyder, « Like a phoenix from the ashes ? Reassessing the transformation of the Swedish political economy since the 1970s », *Journal of European Public Policy*, vol. 19 (8), 2012, p. 1126-1145.
99. Patrick Emmenegger, *The Power to Dismiss. Trade Unions and the Regulation of Job Security in Western Europe*, Oxford, Oxford University Press, 2015.

100. Voir l'analyse comparative entre la France et l'Italie faite dans B. Amable, E. Guillaud et S. Palombarini, *L'Économie politique du néolibéralisme…*, *op. cit.*

101. *Ibid.*

102. Bruno Amable et Stefano Palombarini, « The bloc bourgeois in France and Italy », *in* Hideko Magara (dir.), *Economic Crises and Policy Regimes. The Dynamics of Policy Innovation and Paradigmatic Change*, Cheltenham, Edward Elgar Publishing Ltd., 2014.

103. Luc Rouban, « Existe-t-il un électorat social-libéral ? », *L'Enquête électorale française : comprendre 2017*, vague 3, Cevipof (https://www.enef.fr/les-notes/)

104. Expression employée dans P. Alexandre et J. Delors, *En sortir ou pas*, *op. cit.*, p. 28.

105. Cité *in* « Michel Rocard : avec les centristes et les écolos », *L'Humanité*, 19 février 1993.

106. Enquête postélectorale Cevipof, 1988. Banque de Données Socio-Politiques CIDSP

107. Voir B. Amable, *Structural Crisis and Institutional Change…*, *op. cit.*

108. Source : Gaëtane Ricard-Nihoul, « Le "non" français du 29 mai 2005 : comprendre, agir », *Notre Europe, Études et Recherches*, 44, octobre 2005, qui cite les sondages CSA, Ipsos et Sofres.

109. André Gauron, *Années de rêves, Années de crises (1970-1981). Histoire économique et sociale de la Ve République*, tome II, Paris, La Découverte, 1988, p. 288.

110. Il s'agit d'un modèle statistique qui regroupe les individus en classes selon leur proximité définie à partir d'un certain nombre de caractéristiques. Ici, ce sont les réponses aux questions sur les attentes en termes de politiques publiques qui ont servi à établir les classes.

111. B. Amable, E. Guillaud et S. Palombarini, *L'Économie politique du néolibéralisme…*, *op. cit.*

112. L Rouban, « Existe-t-il un électorat social-libéral ? », art. cit.

113. B. Amable, E. Guillaud et S. Palombarini, *L'Économie politique du néolibéralisme…*, *op. cit.*

114. Voir W. Streeck, *Re-Forming Capitalism…*, *op. cit.*

115. Au prix d'une augmentation assez nette des inégalités de revenus comme de statut. En 2014, 8,8 % des personnes employées en France étaient des travailleurs à bas salaires, c'est-à-dire qu'elles percevaient un salaire inférieur à deux tiers du salaire médian. La même statistique pour l'Allemagne était de 22,5 % (communiqué de presse Eurostat, 246, 8 décembre 2016).
116. Discours de François Hollande lors du 150e anniversaire du parti social-démocrate allemand, jeudi 23 mai 2013, à Leipzig.
117. Les Économistes atterrés, *Changer l'Europe !*, Paris, Les Liens qui libèrent, 2013.
118. Voir le site de l'association : www.atterres.org
119. Dont le sous-titre pourrait être : « Certes, mais dans quelle direction ? »
120. « Je suis démocrate donc souverainiste », interview de Jacques Sapir, *Horizons*, 12 octobre 2009.
121. Alain Lipietz, « La trop évitable crise européenne », *in* Marie Auffray-Seguette, Jean-Marc Ferry et Arnauld Leclerc (dir.), *Europe, Crise et Critique*, Presses de l'université Paris-Sorbonne, 2015.
122. Les citations qui suivent sont tirées de Frédéric Lordon, *La Malfaçon. Monnaie européenne et souveraineté démocratique*, Paris, Les Liens qui libèrent, 2014.
123. « La priorité, c'est de sauver l'Europe, pas l'euro », entretien avec Jacques Généreux, *Rue89*, 16 novembre 2013.
124. Interview publiée dans *Le Dauphiné libéré* du jeudi 21 août 2014.
125. François Ruffin, *Pauvres Actionnaires. Quarante ans de discours économique du Front national passés au crible*, Amiens, Fakir Éditions, 2014.
126. Grégoire Kauffmann, « Les origines du Front national », *Pouvoirs*, 157, 2016 (2), p. 5.
127. *Ibid.*, p. 12.
128. Cité in G. Kauffmann, « Les origines du Front national », art. cit., p. 12-13.
129. Cité *in* F. Ruffin, *Pauvres Actionnaires…*, *op. cit.*
130. Marine Le Pen, discours de Tours, 16 janvier 2011.
131. Toutes les citations qui suivent sont tirées de l'ouvrage de François Ruffin, *Pauvres Actionnaires…*, *op. cit.*

132. *Journal officiel*, 23 avril 1986.
133. Marine Le Pen, discours de Tours, 16 janvier 2011.
134. Marine Le Pen, *Mon projet*, présidentielle 2012.
135. *National Hebdo*, 16 novembre 1995.
136. Marine Le Pen, communiqué, 17 décembre 2012.
137. F. Ruffin, *Pauvres Actionnaires…*, *op. cit.*
138. Cécile Alduy, « Nouveau discours, nouveaux succès », *Pouvoirs*, 157, 2016 (2), p. 25.
139. L'analyse empirique de l'enquête électorale française de 2012 réalisée par Bruno Amable (*Structural Crisis and Institutional Change…*, *op. cit.*) révèle que le soutien au FN repose principalement sur des attentes de politique économique classiquement de droite, ce qui tendrait à minorer considérablement l'impact du changement de tactique dû à Marine Le Pen et à ses conseillers sur les succès électoraux du FN.
140. Interview à TF1 (https ://www.youtube.com/watch?v=M6eD5fxxAx8).
141. Voir B. Amable, *Structural Crisis and Institutional Change…*, *op. cit.*
142. Les politologues utilisent le terme « clivage » dans un sens plus restrictif que celui qu'indique le dictionnaire. C'est à cette dernière acception que nous nous référons.
143. Selon un récent sondage, 48 % des Français se considèrent « de gauche », contre 52 % qui se disent « de droite » (Ifop, *Être de gauche aujourd'hui*, septembre 2016).
144. Programme accessible sur le site : www.debout-la-france.fr
145. Le document de Terra nova sur « la France de demain » est l'un des exemples les plus sinistres de l'usage de cette représentation.
146. À titre d'exemple, dans son programme, Bruno Le Maire proposait le catalogue classique de la droite néolibérale : réaffirmer l'autorité de l'État, baisser les dépenses publiques, relancer la compétitivité en réduisant la fiscalité sur les entreprises, « moderniser » le marché du travail en dénonçant le droit du travail français comme un frein à l'emploi, et ainsi de suite. En même temps, Le Maire réaffirmait son attachement à l'Union européenne, que la France devrait « relancer » en y jouant un rôle « moteur ». Voir le « contrat présidentiel » sur le site www.brunolemaire.fr
147. C'est par commodité que nous reprenons les termes courants

du débat politique, sur lesquels il y aurait par ailleurs beaucoup à dire, notamment sur la notion de « souveraineté ». Nous avons rappelé plus haut les différentes définitions de ce terme données par Jacques Sapir et Frédéric Lordon.

148. Voir B. Amable, E. Guillaud et S. Palombarini, *L'Économie politique du néolibéralisme…*, *op. cit.*

149. Sur les deux gauches « irréconciliables » à Corbeil en février 2016 par exemple.

150. Valls a appelé au rassemblement de la gauche en vue de la présidentielle en octobre 2016.

151. Jacques Sapir, « Les perspectives d'un Front contre l'euro », http://russeurope.hypotheses.org/, 1er août 2015.

152. J. Sapir, « Réflexions sur la Grèce et l'Europe », http://russeurope.hypotheses.org/, 21 août 2015.

153. *Ibid.*

154. « Theresa May et le changement de paradigme », blog de J. Sapir (http://russeurope.hypotheses.org/), 9 août 2016.

155. Entre juin et septembre 2016, Jacques Sapir a consacré sur son blog vingt-quatre billets à la souveraineté, la laïcité et l'identité française, dont cinq dédiés à l'attentat de Nice et trois relatifs à l'affaire dite « du burkini ».

156. Marine Le Pen, meeting au Zénith de Paris, avril 2012. La posture « ni droite ni gauche » est de longue date celle de l'extrême droite.

157. Voir par exemple « Brexit. Pierre Laurent : "L'ampleur du désaveu doit conduire à la refondation de l'UE" », *L'Humanité*, 24 juin 2016.

158. « Le rassemblement de la "gauche" empêcherait le peuple de se fédérer », interview à *L'Humanité*, 20 septembre 2016.

159. *Ibid.*

160. Par exemple celles d'Olivier Besancenot : « Jean-Luc Mélenchon, qui fait des grandes sorties sur le souverainisme économique… Bah, à la fin, t'en viens à bafouiller sur la liberté de circulation et d'installation. Et puis, à la fin, tu bégayes même plus, t'en viens à dire que tu n'es pas pour la liberté d'installation. Tout ça, je l'analyse comme des grands sujets de régression politique pour la gauche radicale » (www.hors-série.net, 27 septembre 2016).

161. *« Le Front national, c'est la banalisation du mal »*, *tweet* de J.-L. Mélenchon du 22 septembre 2016.

162. Par exemple, dans une interview parue dans *Le Monde* du 25 juin 2016, Mélenchon déclare : « Moi, ma première tâche sera de renégocier les traités, et si ça ne marche pas, on passe au plan B. »
163. Rappelons que déjà en 2011, à l'occasion des élections cantonales, Nicolas Sarkozy avait donné comme consigne de vote à l'UMP « Ni vote FN, ni vote PS » au second tour. Interrogés sur un éventuel second tour entre FN et PS lors de la présidentielle de 2012, le même Sarkozy et Jean-François Copé avaient répondu qu'ils ne donneraient aucune indication de vote. Et « ni retraits de liste, ni fusion avec les listes socialistes » est la position que l'UMP avait arrêtée pour faire face à d'éventuelles « triangulaires » aux élections régionales de 2015.
164. Voir B. Amable, *Structural Crisis and Institutional Change…*, *op. cit.*
165. V. Giscard d'Estaing, *Deux Français sur trois*, Paris, Flammarion, 1984.
166. P. Alexandre & J. Delors, *En sortir ou pas*, Paris, Grasset, 1985.
167. François Fillon adopta au cours de la campagne présidentielle une position très à droite à la fois dans le domaine économique et dans les autres dimensions de la politique publique au lieu de se placer au barycentre des attentes du bloc de droite. De plus, sa campagne fut en partie ruinée par le scandale de l'emploi fictif présumé de son épouse.
168. Sauf indication différente, la source des données de sondage est, pour l'élection présidentielle : Ifop, *Le Profil des électeurs et les clefs du premier tour de l'élection présidentielle*, avril 2017 ; pour les législatives : Ifop, *Le Profil des électeurs et les clefs du premier tour des élections législatives*, juin 2017. Dans la suite des notes, nous ferons référence à ces enquêtes en indiquant respectivement Ifop (2017P) et Ifop (2017L).
169. Ipsos, *1er tour. Sociologie des électorats et profil des abstentionnistes*, avril 2017.
170. Ifop (2017L).
171. N. Sauger, *French Electoral Study 2017*, Paris, Sciences Po, Centre d'Etudes Européennes, 2018. Dans la suite du texte, on fera référence à ces données comme FES 2107.
172. Ifop (2017L).

173. *Ibid.*
174. Cevipof, *Mondialisation, protectionnisme et recomposition, L'enquête électorale française : comprendre 2017*, vague 14, juin 2017.
175. C'est la réponse choisie par 53 % des électeurs Fillon, 55 % des électeurs Hamon, 57 % des électeurs Mélenchon et 79 % des électeurs Le Pen. Ifop, *Ce que veulent les Français*, volet 2, décembre 2017.
176. Ifop, *Ce que veulent les Français, op. cit.*
177. Ifop, *Le Tableau de bord de la transformation de la France*, mai 2017.
178. Voir le chapitre 2.
179. Toutes les données sont tirées de l'enquête FES2017.
180. Il s'agit d'emails échangés entre les membres et correspondants de l'équipe de campagne d'Emmanuel Macron. https://wikileaks.org/macron-emails/
181. Voir B. Amable, *Structural Crisis and Institutional Change…*, *op. cit.*
182. J. Attali, *Rapport de la Commission pour la libération de la croissance française.* Paris, XO Éditions/La Documentation française, 2008.
183. Voir B. Amable, « L'Europe est-elle condamnée à la réforme conservatrice ? » *Prisme*, 3, Centre Cournot, 2014.
184. Voir le chapitre 2.
185. Emmanuel Macron, Bucarest, 24 août 2017.
186. Un nombre important de ces députés n'avaient aucune expérience politique préalable et devaient quasiment tout à Emmanuel Macron.
187. La « convergence des luttes », leitmotiv du mouvement Nuit Debout de 2016, semblait, au moins jusqu'au printemps 2018, hors de portée.
188. Cf. l'attitude très « conciliante » de la CFDT lors du projet de réforme de la sécurité sociale de 1995, qui donna lieu à un mouvement social d'une ampleur inédite depuis mai 1968.
189. Comme l'institut Montaigne ou l'institut de l'entreprise.
190. Les profits d'aujourd'hui font les investissements de demain et les emplois d'après-demain.
191. L'OCDE et le FMI ont fait de ce thème une de leurs principales préoccupations et consacrent de nombreuses publications

à attirer l'attention sur les conséquences négatives d'une montée des inégalités qui peut être constatée dans l'ensemble des pays, même à des degrés divers.

192. Le *trickle down* popularisé par Ronald Reagan, qui veut que l'enrichissement des riches finisse par profiter aux plus pauvres. Cette idée se trouvait déjà dans la « querelle du luxe » au XVIIIe siècle ou dans la fable des abeilles de Mandeville.
193. « Je crois à la cordée, il y a des hommes et des femmes qui réussissent parce qu'ils ont des talents, je veux qu'on les célèbre [...] Si l'on commence à jeter des cailloux sur les premiers de cordée c'est toute la cordée qui dégringole ». Emmanuel Macron, interview TF1-LCI, 15 octobre 2017.
194. « Pourquoi nous soutenons Emmanuel Macron », tribune parue sur le site du *Monde* le 12 avril 2017.
195. Voir le chapitre 2.
196. L'expression a été utilisée par Emmanuel Macron en juin 2017 lors de l'inauguration de la station F, le campus et incubateur géant de Xavier Niel, le propriétaire de Free. Ce terme fut à l'origine employé pour caractériser l'économie israélienne : *Start-up Nation. The Story of Israel's Economic Miracle*, de D. Senor & S. Singer, Twelve Books, 2011.
197. M. Mazzucato, *The Entrepreneurial State. Debunking Public vs. Private Sector Myths*. London, Anthem Press, 2014.
198. D. Garcia-Macia, C.-T. Hsieh & P. J. Klenow, "How Destructive is Innovation ?", *NBER Working Paper*, 22953, 2018.
199. On retrouve cette idée synthétisée dans un *tweet* d'Emmanuel Macron (15 octobre 2017) s'adressant aux Français : « La société change : je vais vous armer pour trouver votre place dans ce changement, plutôt que de prétendre vous protéger contre lui ». Un autre *tweet* (28 mars 2018) précise : « Il ne faut pas avoir peur et refuser le changement. Il est à l'œuvre partout et peut nous conduire au meilleur ».
200. W. Lippmann, *The Good Society*, Boston, Little, Brown & Co., 1937.
201. Celle de Frank Knight par exemple.
202. P. Madec, M. Plane & R. Sampognaro, « Budget 2018 : pas d'austérité mais des inégalités », *OFCE Policy Brief*, 30, 2018.
203. Voir B. Amable, "The political economy of neo-liberal

interventionism in French industrial relations", *ILR Review*, 69 (3), 2016 : 523-50.

204. Selon l'estimation de Madec *et al.* (art. cit., 2018), 42 % de l'ensemble des gains fiscaux seront captés par les 5 % des ménages les plus aisés.

205. Cette réforme revient en fait à abolir une mesure prise par le premier gouvernement de la présidence Hollande et au retour à la situation qui prévalait lorsque la droite était au pouvoir.

206. Cela coûtera à l'ensemble du secteur 800 millions d'euros en 2018, autant en 2019 et 1,5 milliard d'euros en 2020 (Romaric Godin, Vers une marchandisation accélérée du logement social, Mediapart, 4 avril 2018).

207. Le logement social est d'ailleurs la cible du projet de loi ELAN (Évolution du logement, de l'aménagement et du numérique) du printemps 2018, dont l'objectif général est, par le biais d'une déréglementation/re-réglementation, d'accélérer la diffusion des mécanismes de marché dans ce secteur pour créer un « choc d'offre ». L'objectif était aussi de favoriser la vente de logements sociaux aux occupants, une mesure inspirée de la politique thatchérienne du logement, dont l'effet avait été de diminuer les ressources des bailleurs sociaux et de nuire à la construction et l'entretien des logements. (Romaric Godin, « Logement : Macron dans les pas de Thatcher », Mediapart, 4 avril 2018 ; P. Madec, « Politique du logement : faut-il tirer sur l'ambulance ? » http://politiquedulogement.com/2018/03/politique-du-logement-faut-il-tirer-sur-lambulance/). Cette promotion de la propriété s'inscrit aussi dans une démarche politique typiquement néolibérale. Giscard d'Estaing (1976) avait notamment théorisé dans son *Démocratie française* l'effet positif de la propriété et du logement individuel pour l'émergence et la stabilité de la société « libérale avancée » qu'il souhaitait pour la France. L'action politique menée par son premier ministre Raymond Barre en matière de politique du logement a suivi cette orientation.

208. Les mesures supposées favoriser la concurrence par la diminution de la réglementation sur les marchés de biens et services se traduisent la plupart du temps par un démantèlement des services publics correspondants au profit de nouveaux

monopoles, privés cette fois-ci, qui ont peu à voir avec l'histoire enchantée de la petite firme innovante. L'impact supposé positif sur la croissance, lui, est assez illusoire. Voir B. Amable & I. Ledezma *Libéralisation, innovation et croissance. Faut-il vraiment les associer?* Paris, Editions Rue d'Ulm, 2016.

209. D'autant plus qu'un précédent fâcheux pouvait inciter à la prudence. L'aéroport de Toulouse avait été cédé à 49,99 % à un consortium chinois choisi par le ministre de l'économie Emmanuel Macron en 2015. L'État avait l'intention de céder le reste de ses parts à ce groupe ultérieurement. Il y renonça en février 2018 en raison du comportement prédateur de l'actionnaire chinois et des protestations, notamment d'élus locaux, qui en ont découlé.

210. Au Royaume-Uni, le réseau (gestion et entretien) est redevenu public en 2014, mais le reste de l'exploitation ferroviaire est opéré sous franchise par des firmes de droit privé, qui touchent par ailleurs des subventions publiques. La privatisation a entraîné une hausse spectaculaire du prix des billets, à laquelle viennent s'ajouter les retards et annulations de train fréquents dans certaines parties du pays.

211. Alors que, comme on l'a vu, le Royaume-Uni a fait marche arrière sur ce point en 2014.

212. « La suppression du statut des cheminots pourrait coûter plus cher que son maintien ». *Capital*, 18 mars 2018.

213. En 1986, une tentative de réforme de l'enseignement supérieur, la loi Devaquet, avait suscité une opposition forte de la part des étudiants. Devant le danger de jonction de ce conflit avec les grèves des cheminots en décembre 1986 et après la mort d'un étudiant, le gouvernement Chirac avait préféré retirer le projet de loi. Cet échec devait avoir des conséquences à l'élection présidentielle suivante en 1988, où Chirac perdit face à Mitterrand.

214. Ifop (2017P).

215. Ifop (2017L).

216. Dans une tribune du *Monde* du 2 janvier 2017, Emmanuel Macron écrivait : « La chancelière Merkel et la société allemande dans son ensemble ont été à la hauteur de nos valeurs communes ; elles ont sauvé notre dignité collective en accueillant des réfugiés en détresse ». Le ton devait radicalement changer une

fois Macron parvenu au pouvoir. Une circulaire de novembre 2017 enjoignait aux préfets d'agir rapidement pour expulser les demandeurs d'asile déboutés. Le comportement très agressif de la police (tentes et sacs de couchage lacérés, emploi systématique de gaz lacrymogène...) semblait correspondre à une volonté de l'exécutif de dissuader les réfugiés et immigrants de rester en France. Ceci donne un éclairage particulier sur la déclaration de Macron en juillet 2017 : « Je ne veux plus, d'ici la fin de l'année, avoir des hommes et des femmes dans les rues, dans les bois ». Le projet de loi « asile-immigration » annonçait au printemps 2018 un nouveau tournant répressif.

217. Ifop (2017P).

218. Ipsos, *1er tour. Sociologie des électorats..., op. cit.*

219. Cevipof, *Mondialisation, protectionnisme, op. cit.*

220. Ifop, *Ce que veulent les Français, op.cit.*

221. La source du premier graphique est Ipsos, *1er tour. Sociologie des électorats..., op. cit.* ; du second, Cevipof, *Mondialisation, protectionnisme, op. cit.*

222. Ifop (2017P).

223. Ipsos, *1er tour. Sociologie des électorats..., op. cit.*

224. Ifop, *Les Français et la réforme du Code du travail,* juillet 2017.

225. Source : FES 2017.

226. Les résultats du sondage ont été publiés sur la page Facebook officielle du FN le 10 mars 2018. Lire aussi « Les questions économiques divisent les militants du FN », *Le Figaro,* 11 mars 2018.

227. Ifop (2017P) et Ifop (2017L).

228. On pourrait considérer qu'au vu des équilibres politiques au sein de l'UE, le projet de construire une « Europe des nationalismes » à orientation néolibérale a beaucoup plus de chances de succès qu'une « Europe sociale ».

229. Mélenchon a obtenu 29 % des voix chez les 18-24 ans, 24 % chez les 25 à 34 ans, et seulement 12 % chez les 65 ans et plus. Source : Ifop (2017P).

230. Ce décalage n'est que partiel. La campagne électorale de la France insoumise a été influencée par les travaux d'Ernesto Laclau et Chantal Mouffe. Ces derniers recommandent la recherche d'un populisme *de gauche.*

231. Ifop (2017P).
232. *Ibid.*
233. Ipsos, *1er tour. Sociologie des électorats…, op. cit.*
234. Pour le graphique, la source est Ipsos, *1er tour. Sociologie des électorats…, op. cit.*
235. Voir les analyses du chapitre 1.
236. Parmi les électeurs de Mélenchon à la présidentielle, 64 % jugent l'appartenance de la France à l'UE « plutôt une bonne chose », 36% « plutôt une mauvaise chose ».
237. Ifop, *Ce que veulent les Français, op.cit.*
238. Pour une analyse du résultat de Mélenchon et des perspectives stratégiques de la France insoumise, voir S. Palombarini : « Entre bloc bourgeois et stratégies d'opposition. Partie ouverte», *Contretemps*, 35, 2017, et « Quel compromis social pour une politique économique de gauche ? », *Savoir/Agir*, 42, 2017.
239. Le taux d'abstention aux élections législatives de 2017 fut de 51 % au premier tour. Ce taux était de 43 % en 2012, 40% en 2007, 36% en 2002, 32% en 1997, 31% en 1993. On peut noter que la seule fois où l'élection a eu lieu à la proportionnelle, en 1986, le taux n'était que de 21 %. Au sommet de l'affrontement droite-gauche, en 1978, il était de 17 %.
240. Voir notamment B. Amable, E. Guillaud & S. Palombarini, *L'Économie politique du néolibéralisme. Le cas de la France et de l'Italie,* Paris : Éditions Rue d'Ulm, 2012.
241. Pour rappel, il a obtenu 24 % des voix exprimées au premier tour, 66 % au deuxième tour.
242. Cevipof, *Le Choix des électeurs : par adhésion ou par défaut. L'enquête électorale française : comprendre 2017*, vague 12bis, avril 2017.
243. Homme politique et entrepreneur culturel (le parc d'attractions du Puy du Fou), Philippe de Villiers incarne une droite nationaliste et catholique très conservatrice.
244. « L'actuelle politique migratoire de Macron ne respecte pas le programme d'En marche », *Marianne*, 17 janvier 2018.
245. Cf. les divers écrits de l'économiste de référence de l'équipe Macron, Jean Pisani-Ferry.
246. Données FES 2017.
247. Emmanuel Macron, alors secrétaire général de l'Elysée, semble

avoir joué un rôle significatif dans la cession très controversée d'une partie stratégique (la branche énergie) d'Alstom à General Electric en 2014.

248. *Vaincre Macron* est le titre d'un intéressant ouvrage publié en 2017 par Bernard Friot aux éditions La Dispute.

249. Cette traduction littérale de l'expression allemande *Fauler Kompromiss* fut utilisée par Oskar Lafontaine lors d'un discours tenu en 2009 au cours du congrès fondateur du parti de gauche pour désigner les « compromis boiteux » des partis sociaux-démocrates.

250. Voir B. Amable, E. Guillaud et S. Palombarini, *L'Économie politique du néolibéralisme…*, *op. cit.* ; voir B. Amable, *Structural Crisis and Institutional Change…*, *op. cit.*

251. Voir Yves Tiberghien, *Entrepreneurial States. Reforming Corporate Governance in France, Japan, and Korea*, Ithaca et Londres, Cornell University Press, 2007.

252. Gérard Davet et Fabrice Lhomme, *« Un président ne devrait pas dire ça… ». Les secrets d'un quinquennat*, Paris, Stock, 2016, p. 124.

253. Tentatives qui sont (ré)apparues à l'occasion des lois Macron et El Khomri.

254. « Chirac juge "inacceptable" la directive Bolkestein », *Le Figaro*, 16 mars 2005.

255. Les reculades diverses sur les propositions les plus « thatchériennes » de son programme – que Fillon a été, bon gré mal gré, amené à faire au cours de la campagne présidentielle de 2017 – témoignent de la perception, au moins partielle, que les dirigeants de la droite ont des contradictions qui fissurent le bloc social sur lequel ils s'appuient.

TABLE DES MATIÈRES

DANS LA MÊME COLLECTION

- Pierre Bourdieu, *Sur la télévision*, suivi de *L'Emprise du journalisme*, 1996

- Serge Halimi, *Les Nouveaux Chiens de garde* (1997), nouvelle édition actualisée et augmentée, 2005

- Areser (Association de réflexion sur les enseignements supérieurs et la recherche), *Diagnostics et remèdes urgents pour une université en péril*, 1997

- Julien Duval, Christophe Gaubert, Frédéric Lebaron, Dominique Marchetti, Fabienne Pavis, *Le « Décembre » des intellectuels français*, 1998

- Pierre Bourdieu, *Contre-feux. Propos pour servir à la résistance contre l'invasion néolibérale*, 1998

- Keith Dixon, *Les Évangélistes du marché* (1998), nouvelle édition actualisée et augmentée, 2008

- Jacques Bouveresse, *Prodiges et vertiges de l'analogie*, 1999

- Loïc Wacquant, *Les Prisons de la misère*, 1999

- Keith Dixon, *Un digne héritier*, 2000

- Frédéric Lordon, *Fonds de pension, piège à cons ? Mirage de la démocratie actionnariale*, 2000

- Laurent Cordonnier, *Pas de pitié pour les gueux. Sur les théories économiques du chômage*, 2000

- Pierre Bourdieu, *Contre-feux 2. Pour un mouvement social européen*, 2001

- Rick Fantasia et Kim Voss, *Des syndicats domestiqués. Répression patronale et résistance syndicale aux États-Unis*, 2003

- Frédéric Lordon, *Et la vertu sauvera le monde... Après la débâcle financière, le salut par l'« éthique » ?*, 2003

– Christian de Montlibert, *Savoir à vendre. L'enseignement supérieur et la recherche en danger*, 2004

– Pierre Tévanian, *Le Voile médiatique. Un faux débat : « l'affaire du foulard islamique »*, 2005

– Pierre Rimbert, Libération *de Sartre à Rothschild*, 2005

– Éric Hazan, *LQR. La Propagande du quotidien*, 2006

– Bernard Convert, *Les Impasses de la démocratisation scolaire*, 2006

– Tariq Ali, *Quelque chose de pourri au Royaume-Uni. Libéralisme et terrorisme*, 2006

– Marie Bénilde, *On achète bien les cerveaux. La publicité et les médias*, 2007

– Julien Duval, *Le Mythe du « trou de la Sécu »*, 2007

– Raoul-Marc Jennar et Laurence Kalafatidès, *L'AGCS. Quand les états abdiquent face aux multinationales*, 2007

– Hervé Do Alto et Pablo Stefanoni, *Nous serons des millions. Evo Morales et la gauche au pouvoir en Bolivie*, 2008

– Alexis Spire, *Accueillir ou reconduire. Enquête sur les guichets de l'immigration*, 2008

– Frédéric Lordon, *Jusqu'à quand ? Pour en finir avec les crises financières*, 2008

– Walter Benn Michaels, *La Diversité contre l'égalité*, 2009

– François Denord et Antoine Schwartz, *L'Europe sociale n'aura pas lieu*, 2009

– Yves Gingras, *Propos sur les sciences*, 2010

– Laurent Cordonnier, *L'Économie des Toambapiks. Une fable qui n'a rien d'une fiction*, 2010

– Noam Chomsky, *Réflexions sur l'université, suivies d'un entretien inédit*, 2010

– François-Xavier Devetter et Sandrine Rousseau, *Du balai. Essai sur le ménage à domicile et le retour de la domesticité*, 2011

– P.É.C.R.E.S. *Recherche précarisée, recherche atomisée. Production et transmission des savoirs à l'heure de la précarisation*, 2011

– François Chesnais, *Les Dettes illégitimes. Quand les banques font main basse sur les politiques publiques*, 2011

– Rémi Lefebvre, *Les Primaires socialistes. La fin du parti militant*, 2011

– Franck Poupeau, *Les Mésaventures de la critique*, 2012

– Alexis Spire, *Faibles et puissants face à l'impôt*, 2012

– Ben Fine et Alfredo Saad-Filho, *Ca-pi-tal! Introduction à l'économie politique de Marx*, 2012

– Michael Hardt et Antonio Negri, *Déclaration. Ceci n'est pas un manifeste*, 2013

– Yves Gingras, *Les Dérives de l'évaluation de la recherche. Du bon usage de la bibliométrie*, 2014

– Collectif Acides, *Arrêtons les frais! Pour un enseignement supérieur gratuit et émancipateur*, 2015

– Gaëtan Flocco, *Des dominants très dominés. Pourquoi les cadres acceptent leur servitude*, 2015

– Patrick Champagne, *La Double Dépendance. Sur le journalisme*, 2016

– Bruno Tinel, *Dette publique: sortir du catastrophisme*, 2016

– François Denord et Paul Lagneau-Ymonet, *Le Concert des puissants*, 2016

– Étienne Ollion, *Métier: député. Enquête sur la professionnalisation de la politique en France*, 2017

– Dominique Lorrain, *L'urbanisme 1.0. Enquête sur une commune du Grand Paris*, 2018

– Laurent Kestel, *En marche forcée. Une chronique de la libéralisation des transports: SNCF, cars Macron et quelques autres*, 2018

Les manuscrits non publiés ne sont pas renvoyés.

Achevé d'imprimer en 2019
sur rotative numérique Prosper
par Soregraph-Livres à Monts (Indre-et-Loire)

Diffusion : Interforum
Dépôt légal : 3e trimestre 2018
N° d'impression: 031900394